ドクター太田の一生

戦前の日本、戦後のアメリカ

太田　正夫

OHTA Masao

文芸社

目次

第一章　戦前の日本　7

第二章　戦後のアメリカ　67

第三章　付録

第一章　戦前の日本

時じくぞ花　めぐり咲く
都の空の朝霞
浮かびて我をめぐり舞う
なつかしの夢　胸ゆらる

この手記は二〇〇七年三月中旬頃から書き出した。行けるところまで行くつもりで。三月末から一寸加速。

生い立ち

私は一九一九年五月四日、神戸市で生まれた。

父太田静男は、明治十六年頃生まれた人で、戸籍には「士族」とあったから武士の子だったのだろうが、武士と言っても下級の士で、それが維新で職を失い、随分と貧乏だったらしい。父は小学校に行くのがせい一杯だったらしく、「弁当も米でなく豆が普通だった」と言っている位で、若い頃は子供が食事の不満を言うと、物凄く怒る様だった。それでも成績は抜きん出て優秀だったらしく、卒業したらどこかの商店で丁稚奉公に入るつもりを、その頃名古屋に商業学校を創設しようとしていた、若い教育者市邦《イチムラ》芳樹氏の認めるところとなり、特待生として入学を許され、勉学の後、期待通りトップの成績で卒業した。当時は中等学校（小学卒業後五年の学校）を卒業したら、一応の社会人として受け入れられる位（現在で言えば一流の大学を卒業した位）であったので、当時既に一流であった三井物産に採用された。

入社後、父は何時頃か不明だが、香港支店勤務を命ぜられ、該地に赴任した。香港ではかなり優れた仕事をした様だが、何年か後に、一時帰国して私の母と結婚した。

母は尾道市の商家の末娘として生まれた。兄が四人、姉が二人で、三兄の池田徳三氏が父と同じ名古屋の商業学校で学んでいて、市邦校長が女子商業学校を創設するに当たって、妹である母を入学させたらしい。徳三氏は卒業後も名古屋にいて一生住んだが、市邦校長は母が女子商業を卒業すると、父に紹介し、仲人となって、二人を結婚させたという。

香港で新婚生活を始めた両親には、一九一二年愛子、一九一四年良一が生まれた。

一九一五年頃、父は神戸支店に転勤となり、神戸で一九一七年博子、一九一九年に私が生まれたわけであった。神戸には一九二〇年まで住んだわけだが、勿論神戸の記憶は全くない。母の話では、私は男の子にしては温和しい赤ん坊で、乳が欲しくても大声で泣くのでなく、シクシク泣く位だったという。

一九二〇年に我家は大連に移住した。大連は旅順の隣市で、満州（当時）の入口、満州鉄道の始点、当時は香港の様に、日本の租借地であった。大連では一九二一年に敏子、一九二二年に米子が生まれている。大連では何もはっきりした思い出はないが、一度父が猩紅熱にかかり、人力車で入院するのを見送った記憶がある。私も流行病にかかり入院したらしいが、記憶になく、唯後に母が「退院する時に、入院中親切にしてくれた〝トクナガ〟さんという看護婦さんと別れを惜しんで、大泣きだったのよ」とからかってくれた。

一九二三年に我家は始めて東京に住む様になった。最初は牛込二十騎町で、神楽坂で遊んだ思い出が一寸あるが、一番の事件は一九二四年九月一日の関東大震災だった。我が一家は八月末に日光に旅行していて、帰れなくなり、塩原の旅館で一夜を明かしたが、南の空を見ると赤い大きな雲が二つ見え、「一つが東京、も一つが横浜だ」と大人達が言っていて、心配そうだった。次の日、無蓋貨車に乗ったり、鉄橋を歩いて渡ったり、何とか家にたどり着いたが、大して被害はなく壁が落ちた程度だった。父が近所の人と夜警に出ていた。

震災と関係があったかどうか知らないが、我が一家は間もなく牛込薬王寺に転居した。その家は離れもあり、門の脇に小さな小屋の家があって、家主の使用人だった人が住んでいる様だった。何時かその人が、私と同年位の男の子と一緒にいて、私に丁寧にあいさつして、その子に「ね、可愛い坊っちゃんだろ」と言ってくれて、「あの

神戸にて。左から、母、正夫、良一、父、博子、愛子（1919年）

小父さん、僕にまで気を使うなんてお気の毒だな」と思った。その家の離れで、一九二四年富士子が生まれた。母家で私の伯母（母の次姉黒田きよ）や兄妹がそろって待っていたら、「オギャアオギャア」と聞こえてきて、伯母が「あっ、生まれたっ」と叫んだ。

一九二五年、父はニューヨーク支店長を命ぜられた。七人の子供を連れて赴任はとても無理、と思ったからと想像するが、父は単身赴任することに決め、一家は父が名古屋に持っていた家に移った。その家には父の母すえ、その姉の名前は忘れたが〝ハナ高伯母さん〟と呼んでいた人と妹の加藤ますの三人が住んでいた。三人の中一番穏やかだったのは祖母で、一番気の強いのがます大叔母だった。彼女は体の弱い敏子を哀れがり、父とどういう取引きがあったか知らないが、引き取って養っていた。そうして別棟の新しい家を持っていて、若い男と同居していた。そんな環境に投げ出された母はさぞ大変だったと思うが、まだ学校前の子供の知るところではなかった。名古屋に移って間もなく、父は米国に出向くことになり、一夜親戚で送別会があった。その時父は珍しく私を膝に乗せ、歌い出したのが「今日も早くから井戸端で、母は精出すお洗濯、盥の中に何がある。これは大郎の小倉の袴……。」三番「今日も遅く迄灯の元で母は精出す針仕事……。」の母を称える歌であった。

小学校に入る前の一年間、私は好奇心の強い子供だったらしく、時計の読み方、数の数え方、片仮名、平仮名、漢字の少々、住所等に精通した。

小学校へ

入学の直前に、母と東新小学校に面接に呼ばれた。男の若い優しい先生で、色々な質問に次々と答え「一二三と数をいくつまで言えますか」と聞かれて数え出したが、百まで行って「これ以上は知ってるけど先生も退屈だろうから止めとこう」と思って、黙っていたら「それから？」と言われて、「もう忘れました」ととぼけて見せて、先生と母と顔を見合わせて笑ったのを見た。

一年生に入学して、大体が楽しく、つらい思い出は全くない。一年生のかなり終わり頃、二年生の女の子が気になったことがある。その子は小柄だがきりっとした顔つきで、級長をしていて頭がよさそう、クラスを率いて先頭に立って歩く様は素敵で、毎朝の朝礼で見るのが楽しみだった。残念ながら彼女と口をきくチャンスも名前を知ることもなかった。

これも一年生の終わり頃、市内の小学校の学芸会があり、東新小学校の一年生十余人が参加したことがある。「玩具のマーチ」とか歌ったのだが、プログラムに「太田正夫以下××名」とあり、母が「あんたの名前だけ出てるのね」と嬉しそうだった。

一年生の夏休みの終わった時に、市邦先生が母に「男の子二人共身体が弱そうだからあと一月休ませて海辺にでも住まわせなさい」と言ったらしく、母にとって市邦先生は絶対の人で、私達は知多半島の海岸の避暑地に一ヶ月行くことになった。海岸は空いていたし、近所に若い芸術家らしい人が住んでいて、よく行き来した。彼は「風の中の羽根の様に、何時も変わる女心…」の歌劇の歌をイタリア語で歌っていたが、最後は「おお立派なピアノ」と日本語で歌ってるのかと思っていた。

父は在米中、度々色んな珍しい物を送ってくれていたが、サンキストのオレンジを毎年送ってくれて（大きなリンゴ箱に）皆大いに楽しんだ。父はデックマンとかいう寡婦の家に下宿していて、「モハメド」と呼ばれていたらしい。彼女は中々の美人だったらしいし、父が帰国しても色々送ってくれたし、ことに戦後にまで大きなハムを送ってくれたりして、お二人は相当の仲だったのではないかと勘ぐる人もいた。

父の不在中、池田徳三伯父が時々来て父代わりを務めてくれた様だ。伯父の所には妻のハナ子さんの他、寡婦だった黒田伯母、その娘の〃みさを〃、息子の節二、それに孤児だった池田よし子も一緒で、黒田伯母は母と仲がよく度々家に来て、時々母とヒソヒソ話をしていたが、恐らく三人の婆さんのことを話していたのだろう。

一年生になった年の十二月に大正天皇が亡くなった。皆黒いリボンの喪章をつけて学校に集まったが、別に悲しくも何ともなかった。

その年が明けて暫くして、父が米国から帰って来た。立て型の蓄音機、大きな電池の入るラジオ、沢山のレコード、色々と珍しい台所用品等々持って帰り、その頃ラジオ放送が始まった頃で、それもその頃の日本ではラジオはイヤホーンをつけてやっと聴こえるだけだったが、イヤホーンなしで皆で聴けるラジオは珍しかった。夜、父が婆さん達と浪花節か何かを聴いていた。

父が帰国して間もなく、父は大阪支店次長に任ぜられ、一家は大阪南部の住吉区に移住した。ダウンタウンにはすぐ近くに電車停留場もあり、又、兄の入学した堺商業学校にも、その電車を逆方向だが使えた。姉博子（四年生）と私（二年生）は三十分位歩いて、住吉小学校に行くことになった。

住吉小学校に入ってすぐだったか、暫くしてからだったか、覚えていないが、私は本田先生の受持ちの男女組に入った。東新小学校ではまだ一年生で、級長の制度もなく競争相手と思える子もなかったが、この男女組には水谷君という頗る真面目な子と日比君という大きな家から通っている高慢な子がいて、その二人とクラスのトップを争うことになったが、別に熾烈な争いをしたわけではない。何時か皆で水谷君の家に行ってみようと誰か言い出して、行った所は何か貧しげな家が沢山薄汚く建っていて、その中に一軒だけ離れて、一寸ましな小ぢんまりした家があり、それが水谷君の家だという。だが皆で呼んでも、彼は出て来なかった。普段も皆と遊ばず、笑顔を見せることもなかった。後で考えて彼は所謂新平民と呼ばれる家の人だったらしく、その後の彼の人生がどんなだったか気になる。日比君はよく〝出来る〟子だったが、少々高慢で、つき合い難くあまりよく遊ばなかった。中西啓次郎君という子とは一番親しかった。中西君の家は我家よりもっと学校から遠い小ぎれいな住宅地にあるサッパリした感じの一軒家で「中西理市」と表札がかかっていた。近くに小さな公園があり、誰かエラい人らしい胸像があった。私は通学用に自転車を買ってもらい、中西君と自転車を並べて、近くの改正道路（舗装した道は少なくて、そう呼ばれていた）を乗り廻した。彼は機械オタクで、自動車にくわしく、当時は車といえば、シボレーとフォード位しかなかったが、色々講釈を聞かされた。これは随分後になっての話だが、私が京都大学に入ったばかりの頃、まだ学校も暇で、運動部にも入っていなかったので、或日曜日、大阪の住吉にブラリと行ってみた。昔遊んだあたりを歩いていたら、小さな公園があり、あの胸像もある。昔の通りだなと思いながらフト近くの家を見たら、中西理市の表札がある。ずい分驚き、ちょっと躊躇もしたが、思い切ってベルを押してみたら、若い娘さんが出て来て、「啓次郎君おられますか」と聞き、名乗った所、出て来たのは帝大の制服を着た若者だった。彼は高知高校から大阪大学の船舶工学科に進んだとのことで、すごく嬉しかった。同級生の話の中では、日比君は関西大学か関西学院大学かに入学しているとの話で、「中西君より成績がよかったのに」と思った。それでも機械オタクだった中西君が帝大の工学部に入ったのは大したものである。中西君とはその後戦争も始まったし、学校も運動部も忙しくなって、音信が絶えたが、恐らく卒業して海軍の技術士官になり、終戦後も造船会社の技術者として大成したことであろう。

話を元に戻すが、同じクラスに岡本君という子がいて、この子はちょっと変わっていて、博子姉と同級の姉がいたが、姉をえらく尊敬しているらしくて、二言目には「ウチの姉チャンはな……」と自慢する。一度博子姉に「彼女そんなにすごいの？」と聞いたところ、「そんな!!　普通の子よ」とのことだった。一度「小便飛ばし」の挑戦を受けて、二人揃って飛ばしたら、彼のがずっと遠くに行くので、ちょっと横目で見たらピンと立った筒先から勢いよくとび出していて、「これでは叶わぬ」と思った。

男女組だったから半分は女の子だったが、お互いに全然関心がなかった。一緒に遊んだ記憶も全くない。その中で二人だけ目立ったのが柏木、二村の二人で女子では一番と二番だった。柏木は細面の美人型だが、冷たい感じで好かなかったし、二村は丸顔で可愛い感じだったが、甘ったれで嫌いだった。受持ちの本田先生が二村を特別扱いしたことがあって、あまりひどいので男の子が集まって、女の子達の前で、「先生も悪いが、二村サンが甘えるからだ」と糾弾したことがある。だが女の子達の団結は強く、「何言うてんね。やきもち焼きよって、男の子は皆《ミン》な嫌いや」と口を揃える。そしたらおかしなことに一人が「オオタはんはウチ好きやけど」と言い出したら、女の子達は又口を揃えて「ウチもや」「ウチもや」と言う。そこで今度は男の子達に「何や女の子に好かれよって！」と私がえらい目にあうことになった。

本田先生は快活でいい先生だった。運動会の日、私達に「吉野を出でて討ち向かう、飯盛山の松風に…」の歌を急ごしらえで教えて、行進させたが、その日二、三人で休んでいたら若い先生達も来て、本田先生が私を膝にのせて「この子なんかは高等学校、帝大に行く組だな」と他の先生と話していた。その時初めて「将来エラくなるには、高校、帝大に行かなくてはならない。頑張ってそうしよう」と思ったし、自分にその資質があると先生達に認められているのが嬉しかった。

大阪にいる間に、昭和天皇の即位式が京都御所であり、全国的に祝賀ムードだった。父は子供が沢山なのによく方々に連れて出てくれた。京都、奈良には何度も行ったし、四條畷や高野山にも一度ならず行き、秋の紅葉を見に箕面にもたしか二度、和歌山の方に松茸狩りにも二、三度行った。箕面では随分と歩いて、二時近く目的地につき、そこの料亭で昼食にありつけるわけだが、空腹と疲れで紅葉どころでなかった。松茸狩りは入場料を払い採った松茸は目方で買い、昼食にチキンの入った松茸ごはんが出る。その松茸ごはんが一番の楽しみだった。一度夏休みに神戸から一晩の船旅で広島県に渡り、尾道の池田栄太郎伯父を訪問して仙水島に渡り一週間程、島の旅館に泊まったことがあった。とてもきれいな避暑地で、島の小高い山に登ったり、海で泳いだり、海辺を歩いたり楽しかった。他の夏休みも、どこか海辺に行き、子供達は皆よく泳げる様になった。高野山には父の学友の方がお寺の和尚さんで、よく行ったのだが、その頃はケーブルカーなどなく、山をよじ登るのが大変で、〝尻押し〟の小母さんが道端に待機していて「おいど（尻のこと）押しまひょか」と声をかけていた。おいど押しを頼んでいる老人もいた。駕籠もあった。お寺ではその和尚さんが一席有難いお話をして下さって、後で普茶料理が出た。料理の品々を若いお坊さんが運んで来て、丁寧に一人一人の前に置いてお辞儀をする。ところが悪いことにその坊さんの頭の天辺に径三センチ位の丸い禿がある。彼が深々とお辞儀する度に目の前にその禿がヌッと現れるので、子供心に可笑しくて仕方ない。それが子供の皆に伝染したからたまらない。皆顔を赤くして笑いをこらえて大変だった。

京都に行くとお昼を芋ぼうで食べた。芋ぼうの店は今でも同じ場所に続いているが、何時かクラス会をした時には、ずっと贅沢になっていて、刺身だの何だのと沢山出た後で、最後に「芋ぼうでございます」と言って、昔懐しい芋ぼうが出てくる。

神戸のシナ料理店にも何度か行った。コックもウェイターも皆中国人で、本格的だった。珍しい前菜からスープ、メインの肉類、チャウメン、何れもすごく美味しく、最後にディープフライの鯉が丸ごと出て来る。父は米国に単身赴任して、余程家族が恋しかった様で、一時ホームシックでノイローゼ気味だった由だが、その反動で、子供達に休日にせいぜい時間を使ってくれていたのかも知れない。それでも、時には釣りに出かけて、沢山魚を持って帰ることもあった。

住吉はまだ近くに田圃や草ぼうぼうの空き地が残っており、トンボつりや小魚すくいに、子供の遊び場は沢山あった。兄に連れられて、タモ網を持って何度か出かけたが、或日のこと、小魚がどこにもいなくてだめかと思っていたら、灌漑水路の向こうの水にモロコが沢山泳いでいるのが見つかり、二人共張切ってすくおうとするが、ちょっと網の柄が短くて、中々すくえない。とうとうあきらめて帰る途中、向こうから大きなタモ網を持った大きい子が三、四人来て、「魚おったか」と聞く。兄が黙っているので、私はとっさに「この先にモロコが沢山、泳いでるよ」と教えた。

同年配の子達に少年野球に誘われたのは、小学四年生の頃で、野球のユニホームやグラブを一式買ってもらい、学校の校庭で放課後に練習した。大して上手くも下手でもなかったが、一度キャッチャーをやって、ミットに直球がバシッと入る時の快感を大いにエンジョイした。野球はその後東京に移ってからも続けた。そんなわけで大阪での三年間は誠にのどかな自然とも親しんだ日々だった。そういえば一人お百姓の子がいて毎年田の草抜きをする辛さを話してくれ、「ああ、子供でも大変な人生があるのだな」と同情した。又、一人病身らしい木村君という子がいて、何時か野外にクラスで出た時の休暇時に一人古井戸の脇に立っていて、つばをはいたが、そのつばが真っ赤で恐ろしく思ったが、彼はその後見なくなった。その他、色の浅黒い、日本語のタドタドしい子が入って来たことがあり、名前はバッチイ君と言う。一度皆で彼の家を見に行ったら、表札にバッチイビンワンチックとあり、今思えばタイの人だったらしい。

一九三〇年の初春、父は東京本社営業部会計課長に任ぜられた。いよいよ大阪を去る日に姉博子と私の級友が数人見送りに来てくれたが、他に私のクラスの女の子が三、四人来ていて「ウチら太田さんの姉さんをお見送りに来ました」とわざわざ言ったが、姉の知ってる子は一人もいなかった。

東京にはお手伝いの鶴さんもついて来た。兄は府立一高に、博子姉は九段精華高女に、私は牛込小学校五年に、米子は同校三年、末妹の富士子は同校の一年生に入学した。富士子の受持ちは善方《ゼンポウ》先生という女教師だったが、「先生の名前は？」と聞かれて、「デンポー先生よ」と言って笑われていた。五年のクラスは上野寛先生が受持ちで、森元君と西岡君という競争相手の他、本村君という陸軍士官学校の教官という中佐の子もいた。時々中佐が馬に乗って出勤するのを見た。上記の三人はともにボウイスカウトに入っており、上野先生はスカウトマスターだった。私は入団しなかったし、入りたいとは全く思わなかった。この時から男子だけの学校生活が始まった。私の関西アクセントはあっという前に東京アクセントに変わり、鶴さんに笑われた。「そうか」「そやない」から「そう」「そうじゃない」に変わっただけでも可笑しいらしい。上野先生は「太田の様に関西から来た人を上方《カミガタ》の人と言うんだ」と言ったが、私は「大阪に三年いただけなのに」と面白くなかった。上野先生は（最初）未婚の元気な先生でかなり厳しかった。級長はクラスの無記名投票で決められたが、前記のライバル二人と私とが何時も争い、交替の様に選ばれた。ボウイスカウトの三人は他の級友とは放課後あまり遊ばなかったが、私は他の連中と野球をしたりして遊んだ。一度我々小学生の野球している所に、近所の早稲田の学生が二、三人で来て、何かとコーチしてくれたことがあり、誰かが「小父《オジ》さん」と学生を呼んだら「オイ、俺、小父さんかよ」と照れていた。

新しい我家は山の手の中高級住宅地の二階家で、階下に応接室、離れもあった。道路から一寸奥まっていて、その通路にそった塀をへだてて、家主の二階屋があり、家主は退役陸軍中将とかで、軍服を着た老人が、二階の日向で昼寝してるのを見たこともある。家賃はたしか二百円だったが、当時大学卒の初任給が六十か七十円の頃だったからかなりのものだった。

東京に移って間もなく五月十五日に犬養毅首相が海軍士官に暗殺された。これは昭和の暗い歴史の始まりだった。他に三井の団琢磨理事長も暗殺され、父にだれかが「あなたも気をつけて」と言ったら父は「私はそんなエラくないよ」と笑っていた。

一九三六年の二・二六事件は一寸ひどかった。ラジオで「反乱軍の鎮圧のため、銃火が始まるかも知れないから、永田町方面と反対側になる様な所に身を伏せていて下さい」と言うから一家は奥の離れの方に集まっていたが、丁度大雪の日で、とけた雪が屋根からドシンと落ちた時、母が「アッ、やった！」と叫んで、やがて雪と分かり、皆で大笑いという一幕もあった。高橋是清蔵相惨殺、鈴木貫太郎内相重傷、岡田首相死亡（後に他の人と判明）、それに放送局や警視庁占領という大事件、一時は決起将校に同情の意見もあったが、もう許せぬと天皇も怒ったらしく、クーデターは無血鎮圧された。只これが暗殺を恐れて政府高官が口をふさぐこととなり、軍部独裁の危険な国に日本はなり進むこととなり、破滅へと向かうことになる。

私はその頃胃腸が弱く、胃を傷めては寝ていたが五（六？）年の時に、遂に虫垂をはらしてしまい一月位学校を休んだ。治って最初の日は上野先生の代わりの先生で算術の試験をして複比例か何かでサッパリ判らず半泣きで答案を出したら先生が同情してくれて放課後残って教えてくれた。もう五分もしない中によく判って先生もすごく嬉しそうだった。六年生の春に学校に水泳プールが出来た。男子は六尺褌をする決まりで褌を初めてしめ、海で泳いでいたから一番速く泳げた。一度上野先生と競争したことがあった。先生は左下の横泳ぎ、私は右下で最初の二十五メートルは背中を向け合っていたが、ターンしたら向い合いになり先生がニッコリ笑ったが、だんだん抜かれて、先生が勝った。ちょっと接戦だった。

麻布中学校

牛込小学校の二年間はさしたる事件もなく終わり、中学の入学試験が始まった。森元君は東京高校（尋常科）と武蔵高校（同）、西岡君は府立四中、私は府立一中と麻布を受験することに決めた。森元君は両方に受かり東高に、西岡君は四中に受かり、私は一中がダメで麻布に決まった。後から考えてどうして一中に落ちたか分からなかったが、これは体育の先生の心証を害したためとしか思い起こせない。とにかく麻布には六番の成績で入学しており、一中でも同じ位よい答案を出した自信があったからだ。体育の先生に突然質問されて答えをちょっと考えてモタつき、先生がイラついたのを思い出した。麻布では入学試験の成績を始め、毎年の各学年全部の成績を順に並べて、一番はA組、二番はB組……、五番がE、六番もE、七番は逆にDと分けて行き、席も組の一番（級長）が最後列の右端、二番（副級長）がその隣と横に進み、最左端からは後ろから二列目を右に向かうという仕組みで、教室では一目見て誰が一番で、誰がビリかすぐ分かる。それで、私が入学したら、E組の最後列の右から二番目が私の席だったわけだ（入学者の六番）。E組の一番（つまり五番入学者）は、○○君といって有名作家の息子だった。先生も知っていてちょっと特別扱いしているみたいだった。彼も一中の落武者だったが、何か工面して二学期から一中に編入して行ってしまった。麻布は現在と違い超一流の進学校ではなく、いつも府立に押されていたが、私立では開成と並んで一流だった。麻布に入って最初のうちは英語もアルファベットを覚えたり、This is a pen. なんてのを教わったが、私はすぐに不測の不運に見舞われた。虫垂が又傷み出したのだ。そして第一学期の中途でやっと学校に戻ってみたら、丁度中間試験も終わったところで、“How many cows are in the meadow?”なんてのを暗誦させられている。“This is a pen.”から大変な飛躍で、絶望的に覚えられない。兄は助けてくれないで「まあ〝アンチョコ〟買うんだな」なんて嬉しそうに言う。その上、学校では「今度の中間試験の結果を発表するが、この成績は第一学期の終試験の成績の半分として第一学期の成績に入れる。太田は試験を受けなかったから0点だ」と言われ、前途真暗な気分だった。それでも間もなく回復し、第一学期の終試験は上々の成績だった様、中試験ゼロにしては平均点72でクラスの真ん中まで落ちただけだった。第二学期、第三学期共好調で、一年最終の成績は三学期の平均何と85の優等、これで卒業までずっと優等を続けることが出来た。別にガリ勉をした覚えはなく、試験の前夜徹夜したこともなかった。二年位までは別に特に親しい友達もなく、毎年クラスが前述の様に組替えさせられて、親友は中々出来なかった。級長、副級長として机を並べた人に由利、安達の二人の名前しか思い出さない。安達君はコチコチの生真面目男で、隣に坐っていて会話を交したことも笑い合ったこともなかったが、後に士官学校に入り、任官後日中事変で戦死したと聞いたが、部下を率いて最先に進んでアッサリと撃たれてしまったのかと、その真面目さ故に気の毒だ。同じ頃に士官学校に行った湯池君という男には戦後のクラス会でちょっと会ったが、ガッシリした壮漢となっていた。安達君よりは成績はやや下だったが、ずっと融通のきく生徒だった。由利君は成績もよかったが、よく運動場の砂場でハイジャンプを練習していた。体操の安楽先生という人がとても熱心でハイジャンプの台を二台と鉄棒を沢山用意して休み時間に利用できる様にしてあった。私はハイジャンプはちょっと苦手で立幅跳や立三段跳を練習した。由利君は卒業後私と同じく一高の理科の受験をしたが二人共敗れ浪人、私は府立一中の補習科に入り彼はどうしたか知らぬが、私の様に一浪の後の一高はリスキーと思ったのか浦和高校に進んだ（私は静岡）。由利君とは後にちょっと接触があった（後記）。

三年生の時に有賀敏彦君と同級になった。後に聞いたが彼は病気で一年休学していた由で、そういえば少々年上の印象だった。最初私は二番だったが何故か三番に落ち有賀君が七番だったのが四番に上って来て机をシェアすることになった。有賀君は色々と悪いことを教えてくれて、一度は歴史の先生に見つかって二人共こっぴどく叱られたこともあった。彼も又ハイジャンプをよく練習していて、後に京大で出会うことになる。又、鎌田徹也君といって女の子の様な可愛い顔の子がいたが、何故かお互い壁があって話しかけるチャンスがなく、遠くから眺めてあこがれていたのだが、彼が皆の帽子をとってふざけていた時、私の帽子もとって逃げて、それを追うというチャンスから壁が破れて、お互い親しくして楽しめる様になった。一度雑踏で横にいた彼の手に触れて、その手をつかんだら、彼の方から強くつかみ返してくれて嬉しかった。女の子のいない環境で自然の現象で、同性愛とは全く別のものと思うが、私も二年生の時、同級のヤクザっぽい生徒に「太田君、君、可愛いね」とネッチリ言われて、見つめられたことがあり、その時はぞっとして急いで視線をさけたことがある。有賀君も鎌田君も四年の時には別のクラスに分かれて淋しかったが、鎌田君は四年修了で慶応大学に入学してしまった。

麻布には各学年五組（五年は四組）で沢山先生がいたが、その能力には色々の差があった。国学院大学出の二人（国語と歴史）を除き私学出は駄目な先生が殆どで、官立出は圧倒的に優秀だった。英語の石井先生（一高、東大）、歴史、地理にも官学出の優れた先生がいて私の学課としてあまり好かなかった歴史がとても面白かった。この様子を見て将来是非とも帝国大学に入らなければ、私学は早稲田ですらよくないと思った。そして三年生の後半頃から受験勉強を始めなければと思った。

麻布では毎年秋と冬に四年五年合同の模擬試験がある。高等学校の入試の国語漢文、英語、数学の三つの出そうな問題を各一時間で全員同時に受け、公平に採点して、全員の順位を発表する。その第一回で私は大してよく出来たとは思わなかったが、発表を見ると、何と四番に太田正夫（4B）と出ている。これには全く驚き、上位は五年生三人だったので、全部よりよく出来た男として特別に見られる様になってしまった。これは結果として私にとって幸運ではなく、過信を招く陥穽となってしまった。後、四年で一回、五年で二回同様の試験があったが、何れも十番台だった様であった。麻布は前述の様に進学校ではあったが、その頃一高への入学者数が当時進学校の成果の目安とされていて、学校は一高を沢山志願させることに努める傾向があった。そのためちょっと見ても絶対無理な生徒まで一高を受けるのが多く、他の高校になら入れそうな人まで軒並み受け、一浪二浪して遂にあきらめて私大に行ってしまう人もあった。これは進学校として大変なディスサービスと思うのだが、私は前述の大まぐれのせいで麻布のスターに祭り上げられてしまって、どうしても一高を受けなければならぬ立場にされてしまった。本人も一高に是非入りたいと思っていたのだから仕方ない。四年修了で受けてダメ、五年卒業で又受けてダメで、遂に浪人してしまうことになった。とにかく私と同学年からは遠藤君一人だけ現役で一高に入れた。

一年生の時のことを書き忘れた。一年の時に一人だけ外人教師がいた。Mr. McCoyといい三十年前に宣教師として米国から来たという。ところが、或英語教師によると「彼は語学の教師を日本で三十年もしていて、日本語を全く話せない。全く不思議な人だよ」と言っていて教師同士朝挨拶しているのを見ると、校長さんと、英語の先生のうち会話もよく出来るのは二、三の先生だけだった。そのマコイ先生が、私の一年生だった年を最後に、故郷の米国に帰るということになった。そして最後の日の朝礼で、私達のクラスに別れの歌、「マイ・オールド・ケンタッキー・ホーム」を歌ってくれと言う。その時、私は級長だったので、黒板に書いた歌詞を書き取り、一生懸命で覚えた。思えば六十一年以上も昔の話だが、まだうろ覚えながら覚えている。在米五十四年間、国歌の歌詞すら覚えていない私にとって、たった一つの歌がこのオールド・ケンタッキー・ホームなのである。そして一年生最後の日の朝礼で、校長さん（清水由松氏）がマコイ先生に送別の辞を述べ、マコイ先生が私達の列の前に進み出て「それでは一緒に歌いましょう」と言い、オールド・ケンタッキー・ホームを手を振りながら歌い出した。ところが皆よく覚えてないのか、自信がないのか、恥ずかしいのか、口をパクパクさせるだけで歌えず散々、私もその一人、先頭に立って小さい声しか出せなくて全くだめだった。後で他の先生に「マコイさんの最後の日だというのに、何だあのザマは」と叱られてしまった。

さて話を戻して四年の時、原田精一君と親しくなった。クラスの上三分の一位の生徒で、弟が東京高校の中等部で水球の選手というが、彼も中々のアスリートで、ハイジャンプを練習する一人だったし、一緒にランニングの練習をしたりした。一度は学校の校内大会で八百米を走ったことがあったが、私は何とか一等になり、その時はゴールして貧血を起こして地面に倒れて暫く苦しんだりした。原田君は短距離で、一度何かの中等大会に出て一緒に200×4mリレーに出たこともある。その予選で三番走者の私が一人抜いて、予選

My Old Kentucky home (ウロ覚え)

The sun shines bright on my old Kentucky home,
'Tis summer the darkies are gay.
The corn top's ripe, and the meadow's in the bloom.
And the birds make music all the day.
By and by hard time comes and knocking at the door
Then my old Kentucky home good night.

Weep no more my lady, oh weep no more today.
We will sing one song of my old Kentucky home.
Of my old Kentucky home, far away.

をやっと二位となりパスしたが、その先に進むのはとてもと思い、第二予選は止すことにした。一度どこかでタイムを取って百米のタイムが十二秒四と出てこれは多分何かの間違いと思う。後に正式練習しても十二秒を切ることは出来なかった。中村君というのがいてこれも短距離が強かった。たしか彼は青山学院に行ったと思う。この様に原田君に誘われて、ほんの少しながら陸上競技に親しみ、正式のスパイクも買ってもらったりした。その頃は後に高校大学を通じて、正選手になるとは思いもしなかったが。

五年も終わりに近くなり、私は一高受験（四年修了の時は最初からダメと思っていてダメ）と決めていて、原田君は水戸高校、有賀君は松本高校を受けることになり、一高には遠藤君一人だけ、有賀君は松本に合格、原田君と私は浪人となった。安達君が士官学校に合格していたとは後まで知らなかった。さて原田君とこれからどうしようということになったが、府立一中の補習科というのがあると聞いたので、そこに入ろうということになり、二人で願書を持って行ったら、試験をして合格者だけ受け入れるという。競争率は約五倍で驚いたが、大したことなく二人共入れた。母も二人共入れて喜んでくれた。補習科生は一中の制服を着るが、一中のシンボルのオレンジ色の鞄でなく風呂敷を用い、授業は午前四時間、国漢、英、数と体育だけだった。麻布では軍事教練は勿論正課だったが、あまり軍国教育は受けなかったが（何人かの配属将校はかなり過激なことを言う人もいて、あまり嬉しくなかったが）、一中の正課の方では、麻布と較べあまり自由主義的でない感じはした。午後は授業がないので、昼食は家に帰り母と二人で食べることになり、受験勉強は名の知れた受験用の本（英語では小野圭とか）を読み、又欧文社の添削を毎週受けることにした。これは模擬試験問題を毎週送って来て、これに解答すると、赤く直したのが返ってきて、予め知らせておいた志望学校に合格する可能性も知らせてくれる。これは時間をかけたり、辞書や他の参考書を見て解答しても、本当の実力を試すことにならないので、時計を見て時間内に、他の参考書など決して見ないで、解答することに決めた。これで一高合格はかなり可能性が高くなったが、もしかしてという不安はあり、年の終わり頃、静岡か浦和に替えた方がいいかなとも思い出した。一中では進学指導がとてもよく、新年になって、母が担任の形田先生に呼ばれて相談したところ、「模擬試験の結果等から見て、一高合格の実力は充分あると思うが、一高だけは誰にも保証出来ない。もう一年浪人という危険をさけたいなら、他の高校にされたら」ということで、母が「浦和か静岡はどうでしょう」と聞いたところ「ああ、あの両方なら完全に大丈夫、保証出来ます」と言われたそうで、私は静岡はちょっと遠いが、気候もよさそうで、是非静岡にしようと思い決心した。一高をあきらめるのはちょっとつらかったが、二度受験して、在校生の態度が高慢で、あまり感じよくなく、又牛込小学校で一緒だった西岡君が、四中から四年修了で一高に入学しており、ちょっと面白くないところもあったから静岡の方がいいやとほっとするところがなくもなかった。

　一中の頃は電車で四谷三丁目から四谷見付に行き乗換えて赤坂見付まで行くわけだが、成るべく歩くことにした。それも速く歩き足を丈夫にすることに努めた。途中、堀沿いに皇太子の住む東宮御所があり最敬礼して通る勤皇少年だった。唯、軍人には、陸軍は勿論、海軍でもなりたくないと思っていた。一中では原田君とよく交友した。彼はかなり右翼的なところがあって、中野正剛に心酔しているみたいだった。シナ事変のニュース映画を彼とよく見た。補習科には強制の軍事教練はなかったが、麻布では二年生まで木銃と言って銃の形をした棒を持っていた。三年生からは本物の三八銃を使うから小兵の私は重くて参った。戦争訓練は地面に伏せて、射撃したり前進したりするわけで、実戦でこんなことをしていて敵に撃たれて死ぬなんて嫌だなとしみじみ思った。銃も日露戦争の時と同じで、戦闘の仕方も何も進歩ない様で、後から考えて、これで世界を相手にどうして戦争を始めたのかと思う程だ。

静岡高等学校

浪人生活が終わって静岡高校を受けるという時、吉田駒三さんが、もしものことがあったら二浪ということになってよくないから、是非早稲田の理工科をすべり止めにしなさいと忠告してくれて、母もその気になってすすめる。本人は全くその気がなかったが、静高の入試の後に受けることにした。その時柔道部員というのが二、三人やって来てくれ、大東館という駅前の大きな旅館に泊まった。静岡には兄がついて来てくれたが、兄が主に対応して、私の名前まで言ってしまった。数学は五題中三題確実、四つ目やや自信なく、もう一つはこれは誰も出来ぬと思った。兄は「たった三題しか出来なかったか」と悲観気味だったが、私は大丈夫と思っていた。英、国、漢共問題はなかった。そうして三井物産の静岡出張所に父から頼んであったらしく、一次試験合格の電報が入り、二次の身体検査と口頭試問があった。その時、寮の廊下を通って検査室に向かう途中に、各運動部の連中が待機していて、先ず陸上部の人が「君、入部して下さい。百米の記録ありますか」と聞くので笑われるかも知れないと思いながら「一度計ったら十二秒四でした」と言ってしまったら「うわあ、もう是非入部して下さい」と言う。その時、柔道部の人が飛び出して来て「あっ、太田君。名前をもらってるぞ。柔道部に入ることになってるんだ」と言い、大争いとなった。「僕、名前を聞かれたから言っただけで、入部したいと言った憶えはありません。第一、中学で武道は剣道で、柔道をしたことないんです」と言ってやっと逃れたが、後で聞くと同じ様なトラブルがあって、もう少しで柔道と陸上との殴り合いになるところだった由だ。そのすぐ後で陸上部から「シズコウゴウカクシユクス＝リクジヨウブ」という電報が入り、母はすごく喜んでくれた。その少し前、早稲田の試験を受け、問題は殆ど完全に解答したと思い、早稲田一次の発表は静高が決まった後に見に行ったが、勿論合格していた。二次は当然棄権した。前後になるが、静岡の二次の口頭試問で漢文の先生が盤根錯節の意味を問うたのと、物理の先生が相対温度と絶対温度の違いを聞いたのを覚えている。三井の情報で私の入学試験の成績は理科全体で三位とか四位だったという（志願者五百人以上）。高等学校は一応全寮制で、先ず寮に入ったが、その日は母が送って来てくれて、前日は大東館に泊まった。一中補習科で一緒だった一中出身斉藤一郎君は物産で父と一緒の人の長男とあって、母がわざわざ挨拶に行っていた。母は和服で白足袋が寮の廊下の油で真黒になったとこぼしていた。一応入寮手続きが終わり、母がバスに乗って帰って行くのを見送ったが、特に心細くは感じなかった。その夜「新入生歓迎ストーム」があったが、心配する程のこともなく、副委員長や陸上部の三年生が入って来て、色々激励してくれた。同室は文三甲の北原氏で、静かで哲学者みたいだった。後に「隠亡」という渾名と知ったが、そんなところもあった。近づき難くて、あまり会話しなかった。入寮式が講堂であったが、校長の話の後で、ヒゲ面の委員長（三年の住《スミ》太郎氏）が話の途中で「…校長サンも言う通り…」なんて校長と同格みたいだし、何か言うと二、三年生が「意義なし!!」とどなるのには驚いた。最初に陸上部が集合した会で、キャプテンが佐藤赳夫氏、住《スミ》氏もいて、高杉氏（後にサウジ大使）、石川氏（後に東工大教授）等がいた。マネージャーには竹沢氏、中村氏がいて、先輩として麻布出身の東郷民安氏とあの中曽根康弘氏もいた。二人共東大に入ったばかりで故郷（？）に錦をかざって帰って来たところだった様だ。殊に中曽根氏は東大に合格したのは大フロック（フリーク）だと言われていたが、寮の新入生歓迎会には大演説をぶっていた。部ではあまり大してよい選手ではなかったらしく、そんなにえらそうでなかった。上級生達は親切で皆感じのよい人達だった。しかし練習はきつく、一番困ったのは足のすねが痛くなり、便所でしゃがむのがすごく苦痛だったことだ。でも夜になると中村さんなどが部屋に入って来て、脚をマッサージしてくれたりして助かった。又、私は短距離組に入ったが、百米十二秒四の記録はあやしい様だった。初めての対外試合で四百リレーの三番を走ったが、オーバードロー（バトンタッチのエラー）をしてしまって、アンカーの佐藤主将が二等と大差で一等だったのに失格となり、それでもあまり叱られなかったのはすごく恥かしく、このお返しをしなくてはと奮起した。

「運動部の選手はもちろん勝利を最高の目標に進むべきだが、我々は高校生である。将来帝国大学を卒業し、国家各界の指導的人物となる様選ばれた者達で、優れたアスリートとして身を立てるつもりは全くない。スポーツの目的は人格の養生と人的交流が本来のものである」と信じていた。よく弱音をはいて「高校生が何だ!!」と叱られているのを見たし、高校生は高いディシプリンに耐えなければならないと思っていた。

同じ年に入った部員に文丙の清水康夫がいた。府立一中の出身で、一人ッ子とかで、他の一年生が神妙にしているのに一人ガヤガヤ騒ぎ立て、あまり感じよくなかったが、後にずっと親しくなり、京大でも一緒に陸上部に入り、彼が戦死する二月程前にわざわざ私の宿舎を訪れてくれることになるとは知るよしもなかった。他に文甲の山口直彦、野崎伸六、文乙に西島和夫、文丙に渋谷敬三、藤村紀久雄、又同級に茂木博文がいた。山口は木更津の大地主の息子で東大経済を卒業後父譲りの山林土地を使って材木屋とかゴルフ場を作ったりした様だ。二年の時のインターハイ（三等入賞）の400m×4リレーのスターターで（山口、藤村、山田（三年）、私）のチームメイトでもあった。誰か上級生がその頃よく知られた漫画の主人公、只野凡児に似ていると言って、「ボンズ」（わざと千葉訛りでボンジを）と呼んでいた。彼はちょっと田舎者扱いされるところがあったが、本人はちょっとした智識をひけらかすところがあって、都会風でなかった。野崎は新聞記者の息子とかで、親父が「長男の甚六」だからと仲六と名付けたという。彼は短距離から身体をこわしたとかでマネージャーに変わっていたが、東大（経）卒後、Ｊ・ＴＩＭＥＳの記者になってベトナム戦にも行って報道していたという。日本に帰った時会って「一度車で方々ドライヴしてやろう」と誘われたが、時間が折合わず断ったが、その後暫くして病歿したそうで、残念だった。西島は在校中私が最も精神的に影響された人で、長距離ランナーだったが、その練習振りは修道僧の苦業の様であった。禅の勉強をしていたらしく、後に東大卒後一度大蔵省に勤めた後、日本証券に入り監査役まで行って引退後、禅僧となって、米国にも伝道するつもりだったらしく、二、三度我家にも泊まったが、ちょっと判断が甘かった様だ。藤村はインターハイ三等の時にマイルリレーの二番を走ったのは前述したが、大変な読書家で岩波文庫を一日一冊読むと言っていた。東大がだめだったらしく東北大に行ったが、胸を悪くしてかなり若く亡くなった。渋谷は棒高跳びに専念する孤高のチームメイトで近づき難かったが、東大（法）卒後、高等文官試験を通って文部省に入り、体育局長まで行った由だ。Ｍは理甲で同じ短距離だった。彼は三年の春まで何とか練習もし、かなりよかったが、九州の出身で、ちょっと田舎の秀才といった感じの他「半熟」という渾名で呼ばれていた様に、ちょっと未熟なところがあった。そのくせ女と深くなったとかで、練習もしなくなったので、清水と一緒に彼の下宿に行って「部を除名するがよいか」

と問うたところ、「致し方ない」とのことで残念だが辞めてもらった。彼は三年を留年の後京大の化学科に入ったらしいが、遂に一度も会うことがなかった。

　高校一年の第一学期はかくして始まり、寮生活も慣れてきた。一年生では東京出身が圧倒的に多く、中にはホームシックになって毎週の様に土曜の特急で東京に帰り、日曜の夜帰ってくる者もいたが、私は大いに寮生活にとけ込んでいた。朝はなるべく遅くまで寝ていて、サッと顔を洗って食堂にかけ込み、テーブルの飯櫃からご飯をよそって汁鍋からみそ汁をかけてサッササと食べる。飯や汁が少なくなると、その蓋をかかげて「メシー」とか「汁ッ」とかどなると、台所のオバサンが「ハーイ」とすぐ持って来てくれる。そして急いで教室に飛び込んでセーフというわけだ。昼食は一人分のおかずが皿にのっていて、それを一つとご飯は食べ放題、夕食も同じ。食堂にはセルフサービスの果物（バナナやみかん等）が置いてあり、伝票に寮名と名前と金額を書いておけば、月末に寮費と共に払う仕組みであった。寮には大きな浴場があり、部の練習の後、毎日使った。中で寮歌をどなる上級生もいた。寮歌は夜、練習会があって寮歌集を見て習った。中で気に入ったのは「時じくぞ花」と「富士の峯《ネ》高く」だったが代表寮歌は「地のさざめごと」でこれもよい歌だった。

　一年の二学期の始まる前の夏休みは蓼科温泉に行った。又、兄と共に父にお伴して北海道にも行った。方々の事業所にも寄ったが、父は三井の重役とあって、大変なもてなしだった。どこかで私に「坊ちゃんは中学ですか」と聞き、答えようとしたら、父が引き取って「否、高等学校だ。理科で、将来製造業に行かせる」と誇らしげだった。中には鶏肉を持って温泉までついて来そうになった人がいて、わざわざ来てくれるなと父が断るのに苦労した人もいた。摩周湖、ピンケタン、パンケタン、阿寒湖等本州で見られない大自然の美しさは圧倒的だった。蓼科では牧場に行ったり、蓼科山に登ったりした。丁度その時、愛子姉に娘が生まれて、駒三さんから速達はがきが来た。宛名が「中央綿茅野駅入り蓼科温泉……」とあり、かなりエキサイトして出したらしい。初姪の伸はよく愛子姉と家に来ていて、私を「学

静高グラウンドにて（1938年）

校おじちゃん」と呼んでいて、長いつき合いになった。

二学期になって浜松高等工業との対抗戦があった。この試合では三年生はインターハイ（七月）で引退となっているので出場しなかったせいか、あんまりパッとしない試合だった。ただ、私は四百米に出場し、シャニムニにトップに立ち、最後に二位をふり切ってテープを切ることが出来、大いにほめられた。ひどく苦しくてゴールした後で地面に倒れてしまった様だったが。ところがその後で部にとって画期的なことが起こった。佐藤前キャプテンの主導で三年生の意志でと二年生の「三人を除名する」と部室のミーティングで宣告し、反対の者は退部してくれと言う。するとマネージャーの大平氏が「俺は出て行くよ」と三人と共に退室した。これは大変なことで、三人はいささかやる気のないところはあったが、前者二人はそれぞれ中距離と短距離の重鎮だったから。残る二年生は二人とも留年していた柳（主将、棒高）、山田（中距離）だけとなった。一年生は何の話も聞いていなかったので、ただ呆然とするばかり。他の運動部からの批判と非難は強かった。佐藤氏は非常に個性の強い人で、他の三年生の慎重論もあっただろうが、押切ったのだと思う。そのことがあった後、私達一年生部員の団結は強くなり、寮では毎夜の様に一室（私と茂木の部屋）に集まる様になり、「寮は一運動部の宿舎ではない」と顰蹙を買っていた。

そんなわけで、学校の勉強は殆どしなかったので、成績は降下の一方、入学時は幕の内

（十番以内を言う）だったのが、幕下転落だった。インターハイ前の第一学期は酒も煙草も厳禁だが、第二第三学期は解禁なので、コンパなどで酒も出る。一年生は上級生にすすめられて飲むが、私は酒飲みの家の生まれなので、すんなり飲んでいるうちにすっかり酒好きになってしまった。

二学期に寮では寮祭がある。私達の悟寮では第一次大戦の前線の整壕内の話の劇だった。主役や脇役はすごく張切っていたが、私は伝兵で「只今、××中尉殿が戦死されました」と言うだけの役、とても張切るわけに行かぬ。後日の全寮総評で「悟寮の劇はこの時勢に（シナ事変中）適当だったのか」と言う人が出て大騒ぎとなった。その暫く後に、佐藤氏が誰かと別のことで激論になって寮を出て行ってしまった。彼はかなり神経の繊細な人で、卒業後一浪して東大（文、倫理）に行き、後にノイローゼになってしまったという。そうして私の高校一年は終わった。春は入試で受験生がどっと押しかけ（千人以上）、百五十人の合格者の一人たらんとする。下宿や旅館に泊まるわけだが、在校生が四百五十人だから、下宿もそう余裕がなく街ははち切れんばかりになる。その中を新入部員を勧誘に私達は手分けして各下宿を廻るのだが、私の行った所からは収穫はなかった。

かくして第二年が始まった。寮の同室は神山で専門は短距離、ハイジャンプだった。しかし理科生なのにやたら哲学書を本箱に並べて何か近づき難く往生した。私の部での活躍は、一度太股を痛めたりでパッとしなかったが、一学期の後半から百米を四百米に重点を変えて良くなった。そして８００ｍにも挑戦したが、かなり行けそうで、インターハイではマイルリレー（４００×４）のアンカーに選ばれる様になり、第一日の予選を二位で通り、決勝では三位に入賞出来た。この日は柳氏が棒高で六位、山田氏が８００ｍで六位と三年生の二人共入賞して良かった。さてインターハイが終わると三年生は引退して二年生の中から主将《キャプテン》を出すわけで、私は理科生であり、静高では理科生で運動部員で留年なしに卒業出来る人は少なく、ましてやキャプテンになったら極く難しくなる。そうかと言って技術（試合の時の記録、貢献度等）と指導力（これは私には欠けているかも）を兼備した人はいない（西島君は後者が優れていたが、前者では殆どゼロの人だった）。先輩達と三年生の会議の末で私が呼ばれた時はちょっと困ったなと思ったが、決心して受けることにした。副将級（主務委員）には野崎が任ぜられた。その年も又夏に蓼科温泉に行ったが、野崎君がわざわざ訪ねてくれて驚いた。彼は後に身体をこわして清水と交替した。二学期が始まり、一年前に大火事で焼けてしまったダウンタウンの飲食店などが復興して店を再開して、清水に誘われて出かけることが多かった。当時私は母から毎月五十円もらっていた。寮は二学期から出て暁星館という下宿アパート（個室）に住んでいたが、二食つきで二十五円位、授業料一学期十五円位、昼は三十銭位で間に合うから余裕が十円位あり〝金持ち〟の方だった。秋に成蹊高等学校から関東高校陸上をしようと挑戦して来て受けて行ったら、ルールを決める会で成蹊の永井先輩（高校の頃長距離で活躍）が出て来て尋常科の生徒も出場させるとか三年生も出すという。尋常科は成蹊が七年制だからだが、インターハイに出場する権利のない者に出場権はないと清水がつっぱねて済んだが、こちらは先輩や三年生すら会合に出ていなくてえらい目にあった。試合当日も成蹊にやられてしまい馬鹿を見た。私はメドレー・リレー（百・二百・三百・四百米）のアンカーで新庄（成蹊のキャプテン）と競い胸一つで敗れたが、彼は次の年のインターハイで四百米に優勝した。京大で一緒になり「あの時のリレー程苦しかったことはなかった」と言っていた。

前述の原田君は二浪の後に今度は静岡を受けると言っていたが、彼が来たら陸上部は更によくなると思っていたのに、合格出来ず、何とも慰め様がなく困っていたら、一度静岡に私を訪ねて来た。訪ねて来たのに何も言わずに帰って行きそれ切りだったが、早稲田の第一高等学院に入ったと聞いた。それから戦後まもなく焼跡の我家を訪れ、早稲田を卒業後海軍の経理の短現に合格して（これは稀なことで京大出が沢山振られて航空予備学生に廻されて戦死している。余程彼はいい成績で卒業したのだろう）、無事戦争を切り抜け安田銀行に復職し、結婚し今は一児の父だという（海軍では結婚してすぐ生まれると〝初弾命中〟と言うが、それだとのこと）。あの最後に別れた時とは打って変わったはしゃぎようで、ご同慶に思った。

話を又戻し、部では秋にも合宿するが、最後の日に合宿の間来ていて機嫌も悪くなかった佐藤先輩がひどく怒り出し、我々のことをクソミソに言い出すので、反論するが向こうは逆に怒り出して参った。帰りに西島君がソッと寄って来て「困ったな」と言ってくれて助かった。清水は後で「あれは言うだけ言わしておけばいいんだ。俺はあの日の会計をしてて忙しかったからな」と平気だったが、それらの慰めがなければキャプテンとしてかなり傷ついた。

冬が終わり又入試の時が来た。試験の一日前に静岡に戻り、入部の勧誘をするため汽車に乗ったのだが、その時朴歯の下駄で闊歩していて、その下駄の歯に自分の名を書いてあったのを忘れていた。勧誘先の大東館の一室に母親と受験生がいて、母親が一人で口をきいたが、「あなたは太田さんでしょ。汽車の中でお見受けしました。息子は本当に静高に憧れておりましてね。すぐに『静高の方だ。お名前は太田さんと下駄に書いてある』と申しましてね」とのこと参ってしまった。一番大きな成果は杉富士雄にめぐり合ったことだ。或下宿に行って会った彼は麻布出身と言う。麻布で毎日ハイジャンプを練習していたと言い170㎝は跳べると言う。早速住所をもらい、合否はすぐ電報するからと約束する。そして一次の発表を見たら入っている。これは部長の木村教授に報告した。〝ブーちゃん〝こと木村先生は熱心な部長で、又、学内教授の中で重きをなす古参教授だった。ところが二次の合格者発表に杉の名がない。皆がっかりし「ゴキタイニハンス」の電報を打った。いよいよ三年生となって新入部員も決まり、練習を始めて暫くした時、グラウンドに〝ブーちゃん〝が姿を現し、少し叱る風で「お、太田君、す、杉入ったよ。補欠で入ったよ」と教えてくれた。恐らく〝ブーちゃん〝の強い地位を（教頭の次位か）利用してねじ込んだのだろうと後に評判だった。とにかく杉は大した戦力だった。１００ｍも走り幅跳びもハイジャンプ、三段跳びもインターハイ入賞級だ。彼は麻布の出身でもあり、私とすぐ親しくなり、大学は東大の仏文学に行ったが、戦後よく交友し、一度、箱根の仙石原の父の別荘に一緒に行ったこともある。東大を出てから岡山大学（元六高）で教え、最後は学長になった由だが、六十歳台で亡くなった。あの時〝ブーちゃん〝が頑張らなかったら、彼のキャリアはどうなっていたのだろうか。三年になってからすぐ浦和高の由利君に連絡し（彼は浦高競技部のキャプテンになっていた）、彼の家に赴き、対抗戦を復活する交渉をした。そうして六月末に日取りも種目も決めた。私の練習記録はよくなり、六月初め頃の八高戦では４００ｍと８００ｍに優勝出来た。それも前者54秒フラット、後者１分08.2秒（それぞれ全静高記録で2位と最高）の好成績だったが試合そのものは敗けた。浦高戦では１００ｍ３位、４００ｍ54.2秒、８００ｍ１分07.8秒で、８００ｍは又自己新記録を更新した。八高戦は刈谷中学のよく手入れした一周400mのトラックだったし、浦高戦は静高の少々固い300mトラックであった。その記録だと、インターハイの800mでトップを競うことも出来そうで、希望に胸ふくらみ、又浦高戦は全体で勝利だった（由利君が負傷のため出場できなかったこともあった）。しかし好事魔多し、試合の後二、三日して、左太股の後ろの方にキリリとした痛みを感じ、それが次第に悪くなって、練習も出来なくなった。そんなわけでインターハイの800mは勿論マイルリレーも予選すら通れず、神山、杉のジャンプ陣も振るわず、入賞は内藤君（次期キャプテン）の5000m3位だけだった。

三年の夏休みは山口、野崎、西島君等と戸隠に東京大学の受験勉強に行くというのに参加した。大きなお寺に合宿し勉強する筈がトランプに夢中になって、あまり勉強出来来ぬ。そのうち、二年前のインターハイですごく活躍した一高の益子洋一郎氏が妹さんと来て、別のお寺に泊まっていると聞いた。益子氏は一浪して東大化学科に入り、一年生、妹さんは津田英学塾の一年生とのことだった。一度山口と一緒に散歩していたら、向こうからその妹さんが歩いて来る。すごくきれいで、不器用な二人はビビってしまって、話しかける勇気がなく、行き過ぎてしまった。後で西島に「ダラシない奴等だなあ」と叱られた。しかしこの時は、のちにこの兄妹と米国バークレーで会い、益子氏とは同じインタナショナルハウス（Ｉハウス）に住んで、親しくしていただけるとは夢にも思わなかった。その頃清水もやって来て暫く泊まって行ったが、彼が来て益々勉強しなくなり、何の為に戸隠に来てるのか分からなくなった。清水が野尻湖に行って帰ると言うのでバスを見送りに行ったら、来たバスに益子兄妹も乗り込むところで、席についた清水がチャッカリ益子さんの妹の隣に坐って、手を振っていて、皆「チクショウ」と口惜しがった。

足の痛みは次第に軽くなったがもう遅く、二年生から亀井、後に内藤君がキャプテンとなって新しい世代が始まった。私はその頃、三食付の大東館から上山医院の二階に二年生の今村君と一緒に住み、食事は学校のホールで食べることにした。医院といっても未亡人の女医さん（主人も医者だった）がやっていて、二階は患者が入院出来る様になっているが、今は診療はせず、ナース一人と血液検査だけをしており、二階が空いているので、高校生を下宿させていた。学校のホールとは、食堂があ

京都帝大受験の際に（1941年）

り、会をする様な座敷もあり、食堂では予約で三食を出し、ソーダ水やカレーライスなど出たし、ケーキの棚などもあって、オバさんがレジに坐っていた。私は自転車を買って方々に行っていたから下宿から学校やホールに行くのは苦にならなかった。そんなわけで、もう大学の入試に備えて勉強しなければならぬ時に、インターハイに失敗した口惜しさもあってかサッパリ勉強に身が入らず、深酒をしたりしていた。その祟りでか二学期の途中で急にはげしい疲労感に襲われる様になった。上山女医によると「これは黄疸よ。家に帰って一月位平静にしてれば治るよ」とのこと、仕方なく東京に帰ってブラブラし疲労感のなくなるのを待って復学したが、一月の空白は大きく、その取り返しにすっかり時間をとられ、勉強はいよいよ遅れて、東大の入試はとても望み薄となってしまった。そこで工学部は止して農学部にでも行こうかと思って指導教官に言ったらすごく怒って「農学部なんて二流大学だ。馬鹿なことを言うな」と一蹴されてしまった。そこで考えたのは京大の工業化学科だ。京大の工学部では第一、第二志望まで志望に幅があり、今度繊維化学科という教室も始まるというので、工化にダメでも繊維に引っかかるかも知れぬという利点があった。そうしたら飲み友達（?）の清水も「俺も東大受けて合格の自信ないし、浪人は嫌だから京大を受けよう」と言い出した。これは非常に都合よく、というのは京都には清水の叔父さん一家が住んでいて、清水と一緒に世話をして下さったからだ。入学試験はあまり自信のない出来だった。これが駄目だったら北海道大学か名古屋大か大阪大に行くしかない。浪人は絶対嫌だと悩んでいたら、清水から「センキニハイツタ」と電報があった。この年丁度繊維化学教室（定員十五名）が創設されたのは幸運だった。ところが後で知ったことだが、静岡で大変な事が起こっていた。前述の指導教官（数学の主任教授）が私を卒業させる訳に行かぬ、もう一年、三年をやらせる、と及落会議で主張したという。それに旧陸上部長のブーちゃんと新部長麻生先生（私が三年の時に部長交替があった）が猛反対して下さって、やっと留年を免れたというのだ。将に危機一髪であった。

京都大学

かくて目出度く京都帝大の学生となることが出来た。下宿は大学の近くの洛東アパートに決めた。清水も同じアパートに住むと言う。これは鉄筋コンクリートの建物で共同風呂付き共同のガスがあって、お茶位は沸かせるし、各部屋にベッド、デスク、椅子、スチームヒーター、押入れ、それに洗面用の水道の出る小さなシンクもあって便利だった。もっとも入学した年の十二月に開戦となってからは共同風呂もヒーターも、ガスが来なくなったが。私は入居して暫くして南向きの部屋に代えてもらい、冬も割と暖かかった。そこには卒業するまで住んだ。

繊化実験室は新しいコンクリート造りで、その一部が二階建になっていて先生達のオフィスになっていた。主任教授は桜田一郎教授で日本の高分子化学の第一人者と言われていた。まだ四十代でつやつやと若々しい先生だった。もう一人の堀尾先生はパルプ、レイヨンの権威と言われた。桜田先生の所の助教授は岡村先生で、まだ三十代ながらシャープな先生だった。後に知ったことだが、京大は産業界との関係が密接で、繊維化学という名前は、教室の創設が関西に多い繊維会社（主にレーヨン会社）からの寄付で可能になったために繊維とつけたそうで、実際は高分子化学一般について研究を行う教室であった。事実、後年教室の名前を高分子化学教室と替えている。（注1）

さて大学生となり落ち着いた頃、まだ学校も忙しくなく暇な時、清水が「三高の練習を見に行かないか」と言う。早速一緒に三高のトラックに行ったのだが、そこでは京大の選手らしいのが沢山練習していて（後で知ったが京大のトラックは修理中で三高に来ていた由）、その中の二人（八高出身の中野氏と加藤氏）が私達の所にやって来て「静高にいた太田君と清水君ですね。入部して下さい」と京大のユニホームをすんなりと渡されてしまった。私はあんまり気がなく、大学では運動は止して、勉強に専念したいと思っていたが、清水は大いにやる気があって、とうとう入部することにした。部の練習は高校の頃と違ってきつくなく、大体自主トレに近く記録は少しもよくならなかったが、一年上にインターハイに８００ｍ走で優勝したことのある宮崎氏がいて、一度しかなかった東大戦と二度あった同志社大戦では８００ｍ走二位だった。その他二度あった関西駅伝、一度しかなかった京都駅伝等には駆り出された。戦争のために例年の様な試合が許可されなかったせいで、本来なら何れも三回あった筈だった。清水は学習院出の佐久間や菅原などと親しくなり、私は同じ教室の森（六高出）と岩村（佐賀出）と親しくなった。共に桜田教室で、森は陸上部、岩村は卒業研究で実験台の丁度向かいで始終会っていたからだ。戦争は入学した年の十二月に起こったが、何という無茶をしたのかと思った。その結果多くの友を失い、父の家は勿論、財産の多くも失う惨事になるとは夢にも思わなかった。京都は静岡に較べて物資が乏しく、もう酒も飲めず食事も不足だった。ただ、学生食堂の人が、食券を買った数より外食券に少なく消印を押すことによって、余計の券を買ってくれた為、一日四食食べることが出来たりした。卒業研究は夜までやって岡村先生（指導教授）のよい示唆もあって、立派なものが出来、後日、それを基に岡村先生が岡村、太田の名で「高分子化学」という学術誌に発表して下さった。

注1

『ここまで書いた時、放射線オンコロジーからの電話で、私の肝ガンは放射線では手に負えない所まで行っているので治療出来ないと言って来た。いよいよその時も間近いので、これから先どれ程書けるか判らぬが、時と競走してみる。』三月二十七日

陸軍航技中尉・三井化学株式会社

開戦で大学は繰上げ卒業ということになり、二年、三年生はどんどん卒業させられ、我々も一九四三年九月に卒業することになった。卒業すれば兵役が待っている。丁度その時、運よく掲示板に「陸軍短期現役航技候補生募集」というのが出た。身体検査と口頭試問に通ったら採用になり、四ヶ月の

検査前（1943年）

訓練ののち航技中尉に任官して、二年後に予備役編入とのこと、早速志願することにした。森君は在学中にキャリア技術士官に志願し、採用となり、もう給料ももらっているらしかった。一方就職の方は、三井化学が繊化から一人だけ採用の（政府の）割り当てがあるというので志願したが、岩村も父上が三井工業所の社員だから志願すると言い出し、桜田先生は困ったらしいが、二人受けることになってしまった。ところが二人共採用となり、岩村の親戚の人は「重役の息子と一緒に採用となったんだから、余程成績がよかったんだろう」と言ったという（岩村の話）。後で桜田先生が「実は君の方が成績はよかったんだが、会社としては君だけ採用したら、父親の地位で採否を決めたと思われてマヅイから、無理して二人採用したのだろう」とそっと話して下さり嬉しかった。

確かに、卒業研究は最優秀だったし、学課の方も、セミナーの講演も、よく出来た自信があった。九月末に卒業し、陸軍の入隊が十一月一日だったので、十月いっぱい三井化学の目黒研究所に勤める

三井化学入社（1943年）

ことになった。十月一日池部所長に会い、電話して入って来た長身の紳士を吉河課長と紹介された。実験室にはガラス張りのドラフトルームがあって、青酸ガスを使ってアクリロニトリル（？）か何かを作っていた。そこで人の実験を見て、のんびり一月を過ごした。

母は少し歩けて、妹達に支えられてそろそろ歩いていたし、兄は主計少尉の軍服を着ていた。そのうちすぐに十一月一日の入隊日が来た。立川駅前に集合すると、私も含めて大多数は学生服だが、中にはスーツの人も、かなり多くの幹候章をつけた軍人もいた。一人、将校勤務の見習士官もいて、彼の指揮で行軍して二時間近くかかって立川教育隊に着いた。そこで新品の軍服に着替え（階級は軍曹）、門のところで待っていた、付き添いの所に（父が来てくれていた）戻って別れた。早速挙手の礼をして、父がちょっと戸惑った顔をした。

教育隊には少年整備兵と航技候補生の兵舎があり、私達は第六中隊（大学出身者）、第四と第五が高専出身者だった。陸軍は帝国の名前に弱いらしく、中隊は殆ど全部帝大卒で、東京工大が若干、私大では早稲田は一人だけだった。中隊は三区隊に分かれ、三人の士官学校出ですぐ任官した、我々より少なくとも二年か三年は若い少尉が各区隊長で、もう一人将勤の見習士官がいて、中隊長は兵隊上がりの四十歳前後の叩き上げの大尉だった。それだけに威張る割りに品もなく皆ちょっとバカにしていた。区隊長は任官したばかりでバカ張り切り、年上の我々をアホー呼ばわり（彼は大阪出身）してちょっとしたことで横面をハリ飛ばすので「パンチ」とひそかに呼んでいた。昼間は教練と体操、学課を少々、皆学校でやっていたことばかり、学課といっても精神教育だけ、戦闘指揮官には必要かも知れぬが技術士官に何の役にもならず、役に立つ様なことは一切聞かなかった。ただ、夜になると自修時間が毎日あるが、将校も下士官も殆ど自宅に帰るので、皆自修の振りをして色々議論した。一番の論客は太田脩三で、軍隊のあり方を痛烈に批判していた。中隊長始め将校も下士官、殊に下士官達は我々が大学を出たというだけで戦地に行く可能性の少ない技術士官、それもたったの四ヶ月で中尉になるというのは如何にも不都合と思うらしく（無理もないが）、我々を命惜しみの卑怯者呼ばわりしていた。年末までに一度だけ東京に出て一緒に皇居、靖国神社に行き解散したが、その時ちょっと家に寄った。一月になり元旦は酒がほんの少し出、雑煮も食べ、見習士官となったが、実際には大して変わりなかった。それが一月の半ばに区隊長達が三人転勤となり、将校室は正月に見習士官から昇任された少尉（師範学校出）一人となり気分はすっかりゆるくなった。二月に一度又東京に出てかなり長い自由時間があって、今度は見習士官らしく長い軍刀で家に寄れた。二月末、軍服軍刀長靴等を注文し、二月末に手渡され、三月一日いよいよ任官となった。新しい中尉の軍服に軍刀を佩き、皆、急に偉く見えたが、トラックの荷台に乗って立川駅まで行ったのはちょっとサマにならなかった。

式で任地は三池出張所と決まったが、三井化学系は全部三池にやられると知り、太田脩三もその一人、他に高工出が三人の計五名だった。家に帰ったら丁度食事時で皆「ワッ」と驚いた。新品中尉が現れたからだ。三池出張所がどこにあるのか、誰が出張所長なのか、教育隊では一切情報がないので、太田と一緒に陸軍航空本部の人事部に翌日先ず出かけることにした。人事部長は大佐か中佐で割と親切な人だったがあまりよく知らぬらしく、出張所長は熊本の佐川中佐だという。それ以上の情報ももらえず今度は三井化学の人事に行った所、静高競技部で一緒だった（マネージャー、麻布出身、一年上だったが留年して一緒に卒業）有馬氏が出て来て「もう中尉か」と驚いたが、三池出張所のことは何も知らず、かえって私達から情報を大牟田に送る様だった。とにかく大牟田にと京都まで先ず行き、大学で岡村先生に挨拶し、大阪から寝台車で大牟田に着いた。会社では元々新入社員なのに軍服を着てやって来られてはどう扱ったらよいか判らず困っている様だった（当時の陸軍の監督官は大変な強権者で所長も小僧あつかいにされていたから無理もない）。それでも先ずオフィスを作り宿も会社の寮に入れてもらった。その頃ちょっとしたことで後に悲劇となることが起こった。私が一人宿舎に向かって歩いていたら向こうから若い女性が歩いて来る。その人はすれ違う少し前に私の方にニッコリ笑い顔を見せてから、丁寧にお辞儀をした。私はビックリしたが急いで挙手の礼をし「九州では見ず知らずの将校にあんなに丁寧にするのか」と驚いたのだが、実はその人は裏隣に住む人の娘で、今度若い将校が沢山住みつくと聞いていただけのことだった。その後その娘さんは一、二度来ただけだったが、私も皆と一緒に二言、三言話したこともあり、私達の為に蓄音機とクラシックのレコードを沢山貸してくれたりもした。太田が一度「彼女は君に特別の思いをよせているぞ。他のには普通だが、君に対しては特にこぼれる程の笑顔ですごく嬉しそうにするからな」と言っていた。彼女は中々の美人で魅力的だったが、胸を悪くしていた様で、すき透る様な肌をしていた。その上、戦争中で暇もなし、深入りしてはいけないという自制心もあって、皆と一緒にしか過ごさず、彼女とは一対一になることは敢えてしなかった。ところが終戦のすこし前の空襲で我々の住んでいた宿舎が焼かれ、蓄音機もレコードも皆失っ

大牟田にて（1945年）

てしまい、終戦後、太田と共に謝罪のために彼女の一家の疎開先を訪れたら、玄関に喪中とある。誰だろうと思ったが、お母さんが出て来て「娘は八月十四日の朝亡くなりました」と言う。この時は自殺だったとだけ聞いたが、東京に戻ってからお悔みの手紙を書いた返事に、娘は私に対する悲恋と、戦争の前途に悲観して自殺したとあり、すごくショックを受けた。もう一日待てば戦争も終わっていたのにと、気の毒でならない。

さて三池に着いて先ず出張所長に申告しなくてはと皆と熊本に出かけたら、佐川中佐（召集の退役軍人らしい）がキョトンとして「そんな話聞いていない、福岡の監督官庁に行ってみよ」とのこと、今度は福岡へ行ったら「三池出張所長はここの矢野中佐だ、今まで何しとった」と叱られた。これが軍だとしみじみ思った。矢野中佐もやはり召集の退役軍人で化学のことなど何にも知らぬらしく、我々は勝手が効いてよかったが、張り合いはなかった。

会社では最初我々を持て余し、工場に行くと、係長が「起立！　太田中尉殿に敬礼！」なんてどなったりして、こちらも困ったのだが、一度、所長以下関係の方達と会って、結局我々は研究部に入って研究に従事することに依って技術援助をすることに決まった。それから半年近く平穏無事だった。戦況は次第に悪くなり、もうダメでないかと思われて来ていた。十一月に陸軍からの発注の高性能万能接着剤がまだ出来ぬなら東工大の星野研に出張して来てくれとのことで、我々五人は東京に行くことになった。太田二人は東京の実家に泊まり他の三人はステイションホテルに泊まり、毎日工大に行って仕事した。そこで星野教授、岩倉助手（後に教授）に会い、色々教えてもらえた。星野先生には後に我々の仲人をお願いすることになった。岩倉先生は私が米国で働いている時、会社の招待で来られて、お世話したことがあった。仕事は三週間程かかったが、その間毎晩母と共に過ごせて、これが最後とは知らなかったが、ラッキーだった。その頃、東京空襲が始まり、或夜下町の方に火の手が上っているのが望見出来、心配だった。でもまだその時は帰りの汽車も二等の切符が買えて（将校は二等に乗ることになっていた）、苦労はなかった。帰ってからは今度はロケット燃料のヒドラジンを作る基礎研究にかかった。その十二月二十六日、兄から電報で母の訃報が入った。最初は帰らぬつもりだったが、太田の強いすすめですぐ帰ることにして、大阪行きの急行に乗り込んだ。暫く行ったら佐官が二人同じボックスに乗り込んで来てちょっと参ったが無視し合うことにした。途中涙が止めどなく流れて困ったが、一夜明け、時間があったので従姉の芳さんを訪れたが彼女も葬式に行くと言う。それから又夜行で東京に朝着いた。父が母の亡骸の脇に坐っていて「オイ、正夫が帰って来たヨ」と言った。涙が又噴き出した。その日に納棺ということだったが、二日続けた夜行列車（寝台車はとても望めなかった）の疲れで母の脇に暫くうとうとした。幼児に戻った気がした。兄と二人で遺体を棺に移したがその軽さに驚いた。葬式も終わり新年を迎えてすぐ九州に戻ったが、今度は二等車どころか三等車の切符も中々の様で長い行列だった。だいぶ気が引けたが行列の一番前に割込んで二等と言ったら、「そんなもんありません」とにべない返事、やっと三等の券をもらって二昼夜かけて戻れた。ヒドラジンの基礎研究も終わり、我々は新しく加わった五人の新中少尉と共に現場に戻ることになった。私はクロロベンゼンをアルカリ熔融して石炭酸に変える現場で太田と共に働いた。一度古参の職長が召集されるというので、それを止めようと、熊本の徴兵官に談判に行ったことがあったが、無駄で、本人も元軍曹とかで、軍隊の方がラクで食事もいいらしく、少しも残念がっていなかった。そのうち住んでいた寮が空襲で焼かれ、次の空襲で工場の炭鉱からの石炭のコンベアが破壊され、工場は全面停止してしまった。又、勤労動員された中学生が沢山死んだ。そのすぐ後でよく晴れた日、空襲警報で皆、防空壕に入ったが、軍服の私は何も敵機は来ない様なので、様子を見に外に出たら、二、三人の人が晴れ渡った西空の一角を指示して「変な雲がありますよ」と言う。後で判ったが、それが長崎を襲った原爆の雲だった。

終戦

八月十四日は当直だったので十五日は休んでいたら、下宿の小母さんが「戦争は終わったらしかですよ」と言う。そういえば朝から全然空は静かだった。呆然としたが、心の中では「やれやれ助かった。よかった」という公然とは出来ない嬉しさで一杯だった。清水は大牟田に二度尋ねてくれた。二度目は沖縄に敵が攻め込んで来た頃で、飛行機の修理に、佐世保で待っている暇に来た様な話だった。その時も相変わらず元気で、パイロットが失神して飛行機が急降下し出し、あわやと思った時、正気に返って機を引き起こして九死に一生を得た話だの、陸軍大尉を酒場でブンなぐって「海軍少佐の清水だ」と言ったら、相手は「失礼しました」と言って退散した、なんて話をしていた。ただ、駅で別れる時、前の時は握手したのに、その時は挙手の礼をしながら、私の顔をじっと見つめてくれて、何だか「これで永久《トワ》の別れだ」と言っている様な気がしたが、事実そのすぐ後で、沖縄上空で戦死したという。全く惜しい男だった。終戦の日、何時も貰い湯に行く隣家にそっと訪れたが、主人がムッとした顔をして刀を抜いて「今日は風呂はないとです」と言う。そうして刀を振り廻しながら「軍の上の人は何しとったのか」などとどなる。何か危くて、下宿に戻った。その後すぐに下宿の小母さんがどこかから焼酎を一升もらって来て、まだ残っていた杉村と一緒に半分位飲んですっかり酔ってしまい、残りを例の小父さんに上げた。するとその翌日、その奥さんが来て「先日は軍人さんにずい分失礼なことを言ってしまい申し訳ありませんでした。お酒は大喜びして飲みました」と言う。どうやら私のことを軍の上の人と言ったつもりらしい。軍から退職金として千何百円かチェックで貰ったが、郵便局に入金する前にマッカーサーが差し止めてしまい、貰い損った。暫くして東京に戻ったが、軍刀はもちろん捨てるつもりを、下宿の小母さんが欲しいと言うので上げ、階級章をもぎ取った軍服で汽車に乗った。廃墟は広島ばかりでなく、ひどく平らになった街々を過ぎ、東京に近づくと、各駅で東京に戻りたい人が一杯で、窓から入る人もあり、阿鼻叫喚だった。小田原で降り、強羅まで電車で行き、ケーブルカーの跡を登り、仙石原の別荘に着いた。父がボソリと「皆元気でよかった」と言った。確かに多くの人が息子を失っているから、心からの感謝だったのだろう。

そうして父が千駄谷に最後に買った家が焼け残っていたので、皆そこに移った。仕事にも戻ったが、しばらく米軍の財閥に対する目がきびしく何も仕事がなく、組合活動ばかりが活発だった。私は組合活動が嫌で、ただ傍観していた。その中、香料の合成の方をすることになり、電解融合のことで荒川氏と知り合い、後にかなり親しくなった。その後、高分子化学の仕事が始まって、下山部長、今関係長の下につくことになった。その頃知り合った若い子がいた。あまりにも若く（十一歳年下）未熟で、私は熱心になれなかったが、彼女は真剣、どうして知ったか、私が千駄谷の駅のどの辺で何番目の車輛のどのドアから乗るか覚えていて、毎朝電車に乗り込むと、そこで待っている。私は丁度その頃、社内で社交ダンスが始まって、それに参加していたが、彼女も加わり、私の相手として中々よく合う。私も悪い気はしなかったが、ただあまり深入りしてはいけないので、ダンスの時以外は指一本触れることのない様に気をつけていた。

結婚

そうこうしているうちに現れたのが美和子だった。私の理想は第一、

結婚（1948年）

頭のよい人、第二、快活でユーモアを知る人、健康でスポーツの好きな人、美人で高慢な人でなく、可愛い感じで謙虚な人だった。彼女が入社した時、係長が「今度女子薬専を一番で卒業した女性がここに入ることになった。皆しっかりしないと駄目だよ」と警告した。彼女は別の人と別のプロジェクトに従事することになり、接触がなかったが、もう一人の若い子とは仲よくしていて、そのこともあり、いわゆる「アイスがブレーク」して緊張が解け、一度映画を見に行き、オペラにも行き（切符は彼女が求めた）、彼女の兄が静高出身と聞き、彼と会うまでになり、こちらも義兄の吉田駒三さんに会ってもらい、私も彼女の親に会って、前述の星野先生に仲人を頼み、一九四八年十月三十日神式で結婚した。新婚旅行は伊豆の嵯峨沢に行き、翌日天城山に上った。次の日はバスで半島の西側に行き沼津から帰京した。楽しい旅だった。

兄は終戦後すぐ杉浦愛さんと結婚し、しばらく千駄谷の家に同居していたが、名古屋に転勤となり、第一子峯男が生まれ、第二子桃子が生まれる間際で、私達の結婚式には兄だけが参列した。結婚後の蜜月の頃、私達は父が焼跡に建ててくれた二軒の家の小さい方（約十坪、六帖と四帖半、台所、便所、洗面）に住んだ。それでも住宅の不自由な時、有難かった。その狭い家に静高陸上ＯＢの会（青葉会）の連中二十余人を招待したり（焼酎を出した!!）三井の同僚を招いたりした。

第二章　戦後のアメリカ

退社、アメリカへ

私は仕事の方はビニル重合に携わったが、会社は経営が悪くなり、先ずレッドパージで共産党員、そのシンパ、組合活動家等がリストラされ、次に希望退職。荒川氏はこれで社を退いた。この頃三池で研究部長をしていた人が目黒に転勤して来ていて、この人が人事に辣腕をふるい出し、先ず触媒部長の清川さんを三池に飛ばし、我が下山部長を名古屋の事業所に飛ばし、所長の坐についた。彼は私のことを三池の頃に知っていたが、目黒の人が皆知っている筈の、私が元物産常務の息子と知らなかったらしく、第三次のリストラで私も指名されてしまった。これが物産の人の怒りをかったかどうか知らぬが、彼は切角手に入れた取締役を二年で失ったという（これはずっと後で聞いた）。私は三井をやめさせられる前にアメリカに行き勉強し直したい気があり、一度下山さんのお宅に伺って意見を聞いたことがあるが、「是非その機会があるとよいですね」と賛意をいただいていた。

又、会社の先輩で、一高（六年かかった自由人）、東大（化学）出の中村雅男さんがフルブライトでアメリカに渡るということもあって、三井を出された時、父が「アメリカに留学してこんか」とも言ってくれていたので益々その気になり、フルブライトを受けた。私自身英語には自信があったので合格したが、最後の口答インタビューでうっかり今失業中と言ってしまって、不合格になってしまった。

結婚する前だったと思うが、父が生前贈与の形で私に与えて下さった株があった。それが朝鮮戦争景気で見る見る値も上がり増資もあってかなりの額になっていたが、サンフランシスコの平和条約がなった翌年一九五二年に政府が自費留学生を認める制度を発表した。これは選考とちょっとしたテストを通れば、円を公定（ドル三六〇円）で替えてくれる（生活費は一日五ドル）。ヤミでは最も安くても四〇〇円の頃だし、ヤミは不法だから大いに助かると思い、応募した。試問員に三井化学の偉い人がいるというので、私がまだ三井化学に在職中としてもらえる様に頼みに行き、承諾も得た。試験は英文を読まされ、中の単語の意味を聞かれたが、その文は化学関係だったので、苦もなく通った。日本政府のバックアップがあるわけで、ビザはスポンサーなしで貰えた。

その頃中村さんがフルブライトの一年を終えて一時帰国して来ていたが、留学先クリーヴランドのケース工大の教授に気に入られて、今度は給料つきの大学院生として、奥さんと一緒に（彼らも子供がない）クリーヴランドに行くと言う。アメリカに行ってPh.D.をとったら就職も出来ると言った。事実彼はPh.D.をとってDowケミカルに就職し定年まで勤めた。渡米は、飛行機は日航があったが高いので、三井船舶の貨物船（それでも三〇〇ドル）で行くことにした。船はその頃南米から帰っていた吉田駒三さんが努力して下さった。駒三さんには結婚の前後のことも色々アレンジしていただいた。船は天城山丸で船長は戦争中輸送船の船長として活躍したらしかった。

出発に当たって一番辛いのは美和子と別れることだった。見送りには父、兄、村地多聞さん（多聞さんは米子と私達の一年後に同じ式場で結婚し、父達と同居していた。一子徹君がいた）、米子、徹君、富士子、そして辻の父（美和子の父）が来ていた。テープを投げ、船が「蛍の光」の曲と共に岸壁を離れた時、笑顔だった美和子の顔が急に曇ったのを見たらつい涙が溢れて来て困った。父は何時までもハンカチを振っていたが、これが最後の見収めとは思いもしなかった。船では乗客は私と同室の一世のお爺さんとアメリカ人夫婦の四人。このアメリカ人（トッテンさん）は日本研究家で後にかなり有名になった人で、日本語も通暢で、奥さんは身重だった。食事は船長、機関長、パーサーと一緒で、随分丁寧にしてもらえた。トッテンさんも一世の人も色々とアメリカのことを教えて下さった。航海は平穏無事、薄い霧の北太平洋を東進し十一日目の夜いよいよ明日サンフランシスコに入港となった。その夜、不思議な夢を見た。船は港に入って行き、右岸に丘があって、白く塗った家々が丘の上までずっと続いている。ああ美しい港街だと思った。その日の夕方、霧の中から赤いゴールデン・ブリッジが現れて来て感無類だった。そしてそれをくぐった後の右岸の景色が前夜夢に見た通りだったのには更に驚いた。

カルフォルニア大学バークレー校、大学院修士課程

その夜は上陸出来ず、翌朝上陸したら、池田伯父さん夫妻とリヨさんが迎えに来て下さっており、そのままパラアルトのお宅にドライヴして（リヨさんが）下さった。一晩泊めていただきIハウス（インタナショナルハウス）の宿所に落ち着いた。部屋は七階で西向き、窓から黄金橋、そしてその向こうに太平洋まで見える。バスルームは共同で大きく、HOTとCOLDの水が出て申し分なかった。食堂は大きなカフェテリアで、順に好きな物をとり最後にコーヒーかお茶をもらう。これは月九九ドルの費用に入っているのでチケットを見せるだけだった。金はリヨさんのすすめで、Iハウスから少し下った所のバンクに二千余ドルをセイヴィング・アカウントに入れた。少し利息がつくからとのことだった。早速外国人のための英語のクラスが始まるが、最初にテストがあって英語力によってA・B・Cに分ける。私はAだったが、あと二人日本人がいて二人共Cだったのには驚いた。

授業そのものはつまらなくディスカッションの時は南米から来た連中がしゃべりまくって、何言ってるかも分からず面白くなかったが、タブラーという中年の講師は色々世話してピクニックをしたり野球のナイトゲームに連れて行ってくれた。その頃は西岸ではメジャーのチームはなく、オークランドのＡＡＡチームだった。夜は寒くなって震え上がったが。池田家の皆さんはよくして下さって、一度はサクラメントのオージさんという日系の人の家のピクニックに招ばれた。見渡す限りにトマトが生っていて、さすがアメリカと思った。食事はバーベキューの大きなステーキ肉で、ウィスキーのコーク割りでその美味しかったこと。又ウィスキーはかなり濃くてすごくいい気持ちになった。伯父さんはＩハウスの西の方に下宿を営業していて、時々お訪ねした。そうこうしているうちに、サマースクールは終わり、本格的な授業が始まった。そうしてＩハウスは同じよい部屋をキープ出来ることになった。或日Ｉハウスの広大なロビーで日本人が四、五人で話している所に近づいて来る人を見て驚いた。あの益子洋一郎さんではないか。彼は丁寧に「私、益子と申します」と自己紹介し始めたが、こちらも「私はよく存じ上げています。実は私……」とインターハイのことなど話してすっかり意気投合し、親しくする様になり、米人と結婚してバークレーに住んでいた妹さんにも会えた。実は益子さん達は生まれはシアトルとのことだった。益子さんは東京工業試験所から研修で来ており、授業は聴講でよいのだが、頑張り屋なので試験も受けてマスターを取るつもりとのことだった。私は実はよくバークレーの化学科のことを知らなかったが、益子さんに言わせると全国一と言われてもよい位優秀な化学科で、沢山のノーベル賞化学者を出しているし、その熱力学、核科学関係は特に優れているとのことだった。事実、有機化学の講義でも、分子内の電子の配位だの熱力学的思考だのが重要に考えられ、私の日本での大学の頃のアプローチとは全然違うのに驚き且つまごついた。

益子さんはラマン分析が専門で、その研究も受講の傍らしていた。学期が始まって間もない頃、一人の小柄なアジア系の女性が近づいて来て「昨日の有機化学のクラスを寝坊してしまって逃がしたのだが、ノートを貸して下さらないか」と言う。「構わないけど、私はノートを日本語でとってるので読めないと思うが」と言ったら「私は日本語読めますから」と言うので貸して上げた。

その後、Iハウスの食堂で日本人学生が新しく日本から訪問して来た人を囲んで話している所に、その女性が「アイ・アム・ミス・チェン」と自己紹介して参加した。その時、誰かが「アメリカでは、日本で習った英語と全然違った言い方をする。例えば、空港で疲れていて、どこか坐って休みたいと思って、探したら〝レストルーム〟とあったので、入ったら、トイレだった」と言い「でも椅子が並んでたろうが」とだれかが言って、アハハと皆笑ったが、私が更に「坐ろうとしたら穴があいてた？」と言った時、「プッ」と噴き出したのがミス・チェンだった。聞けば彼女は台湾の出身で、日本語が第一言語だが、蒋介石政権の日本文化弾圧で、公然と日本語を使わぬくせがついてたらしい。

彼女は化学科の大学院生で、明るく可愛い性格なので、日本人グループの人気者となった。彼女とは同じクラスのことも多く、私とは特に親しかったが、私も妻帯者だし、彼女も台北にフィアンセが待っているとかで、お互い友人の域を守った。そしてお互い、寂しさをまぎらわす格好の相手だった。その彼女も次の年の夏、黙って姿を消した。そして東部マサチューセッツの大学から手紙が来た。後日談はあるが。学校の方は物凄くきつかった。宿題は出るし、宿題は答えを次の時間に出し、採点して返ってくる。又テストも度々ある。益子さんは時々私の部屋に来て「昨日は宿題を解くために徹夜してしまった」なんて言っていたこともあった。その益子さんが、或時、私の部屋に来て、「私は今まで日本人と日本語でばかり話していて、英語が少しも上手くならない。今からは日本人にも英語でしか話さぬから、承知して下さい」と英語で言った。それ以来彼とは英語だけになった。

そのうち学期は終わったが、成績はオールBでぱっとしなかった。

Ｉハウスは月九九ドルで、外で下宿してる人の話では、下宿は三〇ドル位、自炊出来る所もあると聞いたので、探したら狭いシングルルームだが、シャワーとトイレ、洗面のプライベートバスルームつきの部屋が見つかり、自炊も共同キッチンで出来るという（月三五ドル）。そうして第二学期からは、静かな個室で勉強して、自炊といっても朝はトーストとミルク、昼はサンドウィッチに果物、夕食はご飯にサラダとチキン、ハンバーガー、ポークの何れかというサイクルで、一日一ドルもかからなかった。米は二世マーケットというのがあって、日本人向きのが手に入った。飲み物は水だけ、お茶もコーヒーも飲まなかった。第二学期は熱力学、有機化学、物理化学実習と微分をとった。有機化学のブランチ教授が私達のクラスのすぐ後で急死したのはショックで、その代わりとしてキャルビン教授に替わったが、キャルビン教授は次の年に光化学合成でノーベル賞に輝いた。又、熱力学のジオーク教授は熱力学（超低温科学）で数年前にノーベル賞をもらっていた。そんな偉い先生でも学生は馴れ馴れしく、小父さん扱いしているのには驚いた。

その学期の成績はすごくラッキーでオールA、これでまた授業料免除（セメスター一五〇ドル）を取り戻した。そればかりでないことが後に起こったが。自炊生活を始めてみて案外安く住めることを知り、私は是非美和子を米国に呼びよせたく思い、父にお願いしたところ、米子と富士子の強い援助も効いて、父の承諾を得ることが出来、又美和子の努力で、渋る政府から半年分千四百ドルを公定で替えてもらえ、リオさんのスポンサーということで、美和子が渡米出来ることになった。最初決めた宿はちょっと大学から遠く、家主の小母さんがケチで風呂の湯がぬるかったが、池田伯母さんが世話して下さった新しいアパート（一部屋だけ、バス、キッチン、暖房つき）を月六〇ドル位で（光熱費別）借りることにし、そこに美和子と住むことになった。八月の或日サンフランシスコの三井船舶の代理店に行き「コーテン・マルは何日に入港するか」と聞いたら、大男が出て来て、お客さんと間違えたかバカ丁寧だったが、「私の親類の者が乗って来るんで」と言ったら、ちょっと失望気味ながら入港時間を教えてくれた。その日は池田伯父さん夫妻とリオさんも来て下さった。リオさんは双眼鏡で入港して来る船を見ていて「あっ、女性《ガールズ》が二人見える」と言った。暫くして美和子がタラップを降りて来た。伯父さん達は後の方に待っていて私だけ駆け寄り、「握手だけ」と言っておいた通りして、抱きかかえる様に伯父さん達の所に連れて行った。それから少し方々ドライヴしてから、我が新居に二人だけとなった。そして第二のハネムーンが始まった。その日は早速買物に出、一ポンド一ドルのステーキを「これどう」と言ったら、彼女「そんな高いものとんでもない」と30セントの挽き肉を買った。美和子が来る少し前に加藤淑裕、恭子夫妻と知り合った。加藤氏は東大動物科卒、夫人は後に作家となって最近「昭和天皇の幻の詔書」について文藝春秋に書いたり、多くの著作のある人。加藤氏は夫人が後に書いた『伴侶の死』にもある様に、はっきりした信念を持った人で、スポンサーの家に夫妻で住んで、ハウスボーイ、ハウスガールとして

「お手伝い」の仕事をしていて、スポンサーの夫人が何か侮辱的なことを言ったからと、家を飛び出していた。夏休みに働いて金を作って、次の年に備えるつもりとのことで、私も一緒させてもらい、バスの終点からずい分歩いて魚類の加工工場についたら、「人手は余ってるよ」と断られたりした。結局私は何も仕事は見つからなかったが、加藤氏はブドウ園で収穫の手伝いをして来たという。ひどい仕事だったらしく、そのうさ晴らしに酒を飲んで、切角の収入も殆どなくしたらしい。彼らしいことだ。

二年目の前期が始まって間もなく、大学のアドヴァイザーから電話があり、「ライフサイエンスのアーノン教授からベックマンの紫外線スペクトロスコピイの出来る助手を欲しいと言っているが、君を推薦してよいか」との朗報だった。早速とびついて、アーノン教授に会い、ハーフタイム月一五〇ドルの仕事が貰えた。丁度その頃バークレーのハイスクールのプログラムで車の運転の実習があり、フォードさんというかなり厳しい人の指導で練習していたが、当時ヴァイラス（ウイルス）研に来ていた渡辺格博士からポンコツ車を買って、免許もとれ、車も乗り廻せる様になった。又その頃日本から研修に来ていた某博士が帰国の前に「ドルが五〇〇ドル余ったが四〇〇円で買ってもらえるか」との話があり、借用証を書いて、それを持って父の所に二〇万円貰いに行って下さる様アレンジすることにした。こうしている中、美和子はバークレーのハイスクールで「外国人のための英語」のクラス（無料）に入り英語を習い、素地もあることで、英会話もずい分上達し、大学の求人広告を見て、ベビーシッティングやメイドなどのアルバイトをしてごく僅かながら（時給二五セント!!）ちょっとした収入を得る様になった。でも二人共決して無駄使いはしなかった。外食をすることもなかった。そんな時、大学の桜田先生が世界中視察に廻って最後にバークレーに寄るから「よろしく」とのこと、さあ大変となったが池田伯母さんが助けて下さり、伯母さんの甥のヨシキさんが空港まで迎えに行き、夕食はサンフランシスコの日本レストラントで伯母さん払いでずい分お世話になった。学校では日本から来ていた先生が前述のキャルビン博士を桜田先生に紹介して下さった。又、私のライフサイエンスのラボも案内し、我がアパートにも寄っていただき、娘さんからの依頼とかで服の生地と、奥さんへのお土産で、お湯がわくと「ピー」と鳴るヤカンを後で送ってくれと頼まれたりした。先生はすごいお坊ちゃん育ちらしく、帰りの空港への車はどうなってるのかと聞かれてちょっと参ったが、日航の社員の方にお願いした。

最初のアパートに二、三ヶ月住んだ後で、東大教養学部部長の海後《カイゴ》先生が住んでおられるアパートはよいと聞き、行って見ると立派なコンクリートの建物で、マネージャー夫妻の上の部屋が空いているという。その部屋は一室だが、昼間はベッドが90度回転して壁の中に入る仕組みになっており、小さなキッチンとバスルーム、暖房はスチームで、全部で月六〇ドルと安かった。車の運転は美和子も習い（同じフォードに）二人共運転出来る様になった。或日スーパーで買物していたら、二世らしい人が美和子に近づいて「もしかしてあなたは旧姓ミス・ツジと言われませんでしたか」と聞く。美和子が「イエス」と答えたら木陰からその人のワイフが出て来て「やっぱりそうだった」と嬉しそう。実は二人は横浜のカトリック系の女学校で同級だったという。ご主人（氏家氏）はルセランの牧師で、一男一女とのこと。夫妻は貧しいながら、我々のことをずい分よく世話して下さった。車を運転し出した次の夏だったか、ちょっと冒険をしてレイク・タホまで遠出したことがあった。始めての遠出を大いに楽しんだが帰り途で事故が起こった。US40の下り坂を60マイル（時速）で走っていたら突然エンジンがバンと音を立て走行がガタガタになってしまった。急いで近くのサービス・ステーションに入り、電力で店まで辿りつき、メカニックに見てもらったら、「エンジンシャフトが折れてしまっていてエンジンを替えなければだめ」と言う。困ってあの氏家さんに相談してみようということになり電話したら、「今すぐ行く」と言う。大分探したらしいが、来てくれて、エンジンをかけてみて、「メカニックの言う通りよ」と言われ車は置いて（捨てて）泣く泣く（心の中で）帰ることにした。氏家さんはサービスステーションでアルバイトしたこともあり、メカニックの知識もあり、大助かりで、次の中古車探しも手伝って下さった。そして三五〇ドルでエンジンをオーバーホールしたばかりの車を買うことにした。この車は外見はよくないが、サービス・ステーションジンはよくて、バークレーにいる間使って同じ値段で売れた。その少し後で京大の岡村先生がやはり世界の大学を視察の途中にバークレーに来られることになり、今度は自分の車でサンフランシスコ空港までお迎えに行き、一応ホテルにお送りしてから、夕食はうちにお招きした。翌日は学内を案内して、次の日には湾内のフェリーで農園に案内した。その日夕食に私達や他の日本人留学生を先生が招いて下さり、色々励まして下さった。次の日に先生の親友の弟さんが仏教の開教使として来ておられるのでそこに泊まると言われてお連れした。その家でステーキの夕食をご馳走になった。

アクロン大学、大学院博士課程

その後で京大で三年後輩だった渡辺正元氏がバークレーを訪れ、彼はアクロン市の大学でポスト・ドクトレルをしているが近く日本に帰るので、後任になってもらえないかとの話だった。岡村先生も先日アクロンに寄り「ゴム研究所」の所長のモートン教授とディスカッションして、好印象を持ったらしいから、手紙を出してごらんなさいと言う。その上アクロンでは博士課程を間もなく始める準備中とのことだった。私にとってこれに越したことはなく、もうすぐMS（修士）がとれそうでもあって、早速手紙を出したところ、モートンさんから手紙があって「実は近くカリフォルニアに行く用事がある。その際お目にかかりたい」とありその暫く後で、電話で「オークランドのフェアモント・ホテルに来ている。明日××時に面接に来て欲しい」とのこと。その日彼の部屋を訪れたら、ワイシャツ姿の中年の元気な人が現れ、色々話した。

博士課程はたしかに始めるばかりで、僅かだが有給の大学職員として迎える、との話だった。私も三年近くアメリカに住んで、英会話もかなり上達していたので、後にモートンさんは私のことを「彼は英語もしっかりしていて、好印象だった」と話していたそうだ。そのすぐ後に、本式の手紙で「研究員として迎えたい、月給は三〇〇ドル、云々」とあった。私はこの朗報をすぐ父に手紙したところ、「アクロンに行ける様になったそうで喜んでいる」とあった。その手紙を受け取って数日後に、父の訃報が届いた。アクロンに行けることをあんなに喜んでくれた父が亡くなり、その悲しみはたとえようがなく、涙を止めることが出来なかった。もう五年も生きて下されば、Ph.D.をとり、アメリカの大会社に就職がかなったことが報告出来たのにと、今でも残念でたまらない。

私はマスターは研究実験でなく、全部学課でとることにしていて、それだけに勉強が大変でいよいよ最後に学課全体の試験となった。問題はかなり難しく、受験は私ともう一人中国人らしい男だけだったが、やがて合格の通知があった。アクロンの渡辺氏はユースホステルか何かに参加してすぐヨーロッパに行くから引き継ぎにすぐ来てくれと言う。これは随分勝手な話で私はまだ卒業式にも出たい。だが仕方なく出発することになったが、飛行機は高すぎ荷物も限られるので鉄道で行くことにした。切符は旅行社に頼むと手数料はお客からとるというので駅で買ったが、先ず加藤夫妻のいる（加藤氏は加州大学を二年で終え、セントルイスのワシントン大学に有給の大学院生として移っていた）セントルイスに寄り一泊して次の日にアクロンに行く様にした。そうして夏の昼、池田伯父さん、ジョージ君、弁当を作ってくれた氏家夫妻、松尾博仁君に見送られて、バークレー駅から東に向かった。セントルイスまでは丸二日かかり、翌々日に着いた。車中では氏家さんの弁当で随分助かり、食堂車に出たのは、次の日の夕食だけだった。その時食べた鮭は特別美味しかった。

セントルイスの駅には加藤夫妻が出迎えてくれて、美しい公園や大学を見せてもらい、彼等のアパートに行った。彼らはバークレーでは奥さんがメイドとして住み込み、ご主人がそこにころがり込んだ格好で暮らしていたが、今や給料ももらえ、ベティという日本人好きの家主のアパートに住んでいた。一泊の後、次の日に東に向かう列車に乗り込んだが、これは速度が速いのか軌道が悪いのかすごく揺れた。そして次の日の白昼、アクロンに着いた。渡辺氏の車を八〇〇ドルで買ってあったのでそれで荷物をとり、（五日目に!!）彼が住んでいたというアパートに行ったが、何やらひどいアパートで、広い部屋に替えてもらったが、家主の七十歳という欲ばりそうなバアさんは感心しなかった。すぐ大学を見に行ったが、バークレー校に較べて何とも貧弱だった。渡辺君はもうヨーロッパに行っており、モートンさんは「飛行機で来ればよかったのに」と言うが、こちらの都合もある。そのうち方々さがして（美和子が主に）ちょっとましなアパートメントに移ったが、それから更に大学のすぐ近くに大きな家の階下をアパートに改良した所が見つかり、週一五ドルという。私は大学職員ということで職員用のパーキングが使えるので車はそこに置きっぱなし。道路にパークする必要がなく、又アパートが階下なので夏涼しく住み易いことを後になって知った。月給も三〇〇ドルと二倍になり、二人の授業料（私は何コースか免除になっていたが）を払っても幾らか楽になった。もっともアクロンでは貯金は殆ど増えなく一六〇〇ドル台だった。それでも方々旅行して、ナイヤガラには確か三度行った（そのうち二度は京大の人を案内して）。アクロン大学は学問的にはバークレーに較べてかなり低ランク、私と一緒にPh.D.コースに行くのは五人と聞いたが、そのうち二人はアクロン大学出身でずい分お粗末、でも本人達は一応の学者ぶっているから騙される。

英国ロンドン大学出のベリー博士は頭のいい学者で、大いに教えられる所が多かった。モートン先生は研究者というより授業の巧みな先生の様だった。日常の学課は殆ど知っていることで（ベリーさんの講義は別）、宿題も中試験もなく、全然ラクで、バークレーの時の忙しさと較ぶべくもない。研究のテーマの方は「ポリコンデンセートのデグラデーション」で、渡辺君の仕事の続きだったが、彼の間違えを見つけたり、ソルベントが試料の光化学反応を起こしていて、データーに影響していることを発見したりで、有用だが、一緒に仕事している連中には面白くない発見をしていた。美和子は大学の化学科に入ったが、当時一九五〇年代には化学を専攻する女性は少なかったらしく、クラスでただ一人だった。ベビーフェイスなので、皆にベイビー扱いされていたらしく、汽車の音に驚いて「今のはチュウチュウよ」なんて言われて、暫く考えて、ベイビー言葉で汽車のことをチュウチュウというのかと気がついたと言う。ベイリーさん夫妻の他に、外国人に仏人のケイリー夫妻がいた（ケイリー氏は研究員）。私達三夫婦はその頃は皆子供がいなくてよく一緒した。ベイリーさんは後にゼネラル・エレクトリックに就職し、私の三年目にはいなくなった。又、ケイリー氏の妻ルネにはベイビーが生まれた。

そうしているうちに外国語の試験があったが、私は日本語が出来るから独・仏・西のうち一つでよいことになり、独乙語で受けて通ったが、何人か落ちたのには驚いた。次に物理化学、これはベリーさんも出題者に加わったのでひねった問題が出たが、これにパスしたのは私一人。バークレーの時の勉強のおかげだった。その時すぐに私の所に試験の解答を持って、どこが間違ってたか聞きに来たのはボスティク君一人、正解を示してあげたら「そうか君の言う通りだった」と納得していた。ところが驚いたことにDの私に対する態度の変わったことだ。Dはアクロン大卒、学部の頃はクラス一の成績だったらしく、それが唯一の自慢だった。そしてずっと大学に残り、実験の指導や採点の仕事をしていた。研究はエレセンポリマーの分別と浸透圧による分子量の測定だった。それも自分で実験するのでなく、テクニシャンとして働いている高校出のボーイにやらせていた。そんな風で最初のうちは私のことを「憐れな敗戦国から来た何も知らない奴だから親切にしてやろう」という態度で、むしろ下に見た感じだったのが、物理化学でパスしたのが私一人、他の四人は全く歯がたたなかったという惨状で、その恨みが私に集中したようだ。そしてモートン先生にプレッシャーをかけ、試験の問題の範囲を極く狭くして、受験者に予め知らせることに変えてしまった。そんなやり方で果してPh.D.の実力の有無が判るかどうか。それればかりか私に対してやんわりながら何となく意地悪する様になり、私の実習のレポートにとんでもないケチをつけたりした。彼は私より先にカリフォルニアに就職が決まったが、後にアルコホリックになり、離婚し、カーアクシデントで若死にしたという。実力なくして何とか策を講じてとった学位は、却って人生を狂わせるものといえよう。もう一人のPh.D.候補生のミルコヴィッチは、一応私のことを認めてくれていて、一度、「或数の階乗を簡単に計算出来ないものか」と聞いて来て〝スタンレイの近似〟というのがあるよ、と教え、その式が出ている本を借してやったら、すごく感心した様だった。彼はDと一緒にカリフォルニアに就職した。前述のボスティックは朝鮮戦争に出征し、中隊長として活躍したという。すごく働き者で、謙虚ながらリーダーシップのある男だったが、頭はそんなに優れてはいなかった。Ph.D.をとってから一年大学に残りゼネラル・エレクトリックに就職し、かなりの地位まで出世した由だ。もう一人の男はエアホースの技術士官で、エアホースでの研究を博士論文にしたらしい。

私の研究論文はつまらないものになりそうだったが、二年目の終わり頃に、京都で岡村先生の指導で書いた卒論での解析手法を思い出し、反応カーヴのタンジェントをとることをしてみたら、すごく面白い結果に誘導出来ることが判り、私の第二回目のセミナーに発表したところ、理解してくれたのはベイリーさんだけ。モートンさんですら「初めて聞くからよく判らぬが、後でよく聞きたい」と言い、ベイリーさんはちょっと直したり、鋭い質問をしたりした。とにかく他の人々は微分なんて一種の数学の遊びで、実用には無関係と思っていたのかも知れない。

美和子は最初は人の洗濯物のアイロンかけなどのつまらぬアルバイトしかなかったが、そのうち公立図書館の、これも最低のブックメンダーの職がもらえ、パートで働くようになった。大学の方は二年で化学を卒業出来た。そして図書館の上司のすすめもあり、クリーヴランドのノースウエスタン大学のライブラリーサイエンス大学院に更に進むことになった。丁度その時、ベリーさんがGEに就職し、彼らが住んでいたジョンズさんの二階に引越した。ここは丁度クリーヴランドに行く長距離バスの停車場に近く、美和子の通学に便利だった。私は車で通勤、図書館は途中にあったから美和子の働く日は途中で降ろせばよかった。

アクロンにいる間に、モートンさんの推薦でゴートンコンファレンスに招待されたことがあった。ニューハンプシャーの小さな大学にドライヴして行き、その寄宿舎に泊めてくれて、三食出るが、大学関係者は無料、講義は午前中だけ、後はそれぞれ自由にディスカッションしたり、近くの山にドライヴしたり、湖で泳いだりする。同室はオーイタ（大分?）という若い二世のPh.D.だった。彼は車で来ていなかったので、私の車で方々ドライブして、ニューイングランドの風景をエンジョイした。金曜日の午前が終わって解散だが、私は美和子とオハイオターンパイク（有料道路）のレストエリアで待ち合せることにし、長距離バスで彼女が来るのを待つことに予め約束してあった。すると長距離バスが次々と三台来ても、美和子の姿がない。そのちょっと後で一台又通ったが、これはレストエリアに入らず、行ってしまった。その時の絶望感は忘れない。ところが一時間もしない時、まだぼんやり坐っている私の所に、レストエリアの人らしい女性が近づいて、「ミスター・オータですか」と言う。そして「アルバニー（次のバス停）の管理人から電話です」と言う。それによると「金曜日のことでバスは満員となり、一台余計に出したが、遅れたため、レストエリアには停まらなかった。あなたの奥さんはここで待っているからピックアップして下さい」と言う。その時の嬉しさ。すぐ道順を聞いて、アルバニーの停車場にドライヴ、美和子をピックアップ出来た。とにかく一時はどうなるかと心配したが、これ程安心したことはなかった。それからアデロンロック公園の近くまで行き、宿を見つけ、主人のすすめるレストランに向かって歩きながら至福の感じだった。

その前後の頃、京大で一緒だった中島章夫君がコーネル大学にポスト・ドクトレルで来るので、アクロンにも寄りたいと言う。そこで先ずクリーヴランドにまで飛行機で来て（アクロンまでだと乗換えが多くて面倒なので）、そこに迎えに行き、アクロンでは一、二一泊して、ナイヤガラを通ってロッチェスターのDr.某（京都大学で一年教えたという）も訪問の後、イサカ（ロッチェスターの南方）に行くことに予定した。中島君はもう助教授になっており、旅なれてるかと思ったが、ポスト・ドクトレルに着いた彼は私の顔を見てほっとした様だった。その頃私達はベリーさんが住んでたアパートに越していたが、そのリビングルームのカウチをベッドにして、彼はまさに泥の如く次の日の昼過ぎまで寝ていた。午後、大学につれて行きモートンさんに会わせた。ロッチェスターからは次の日の夕食に来てくれという手紙。それは予め断り、一晩泊めてもらうことにした。そして次の日にナイヤガラを見物、ロッチェスターで夕食をとり、Dr.某宅を訪れた。翌日は途中ビックランチを食べて、いよいよイサカに着いた。先ずは泊まる所を決め、彼の知っている人を訪れ、色々情報を集め、その翌日、彼の気に入った、自炊の出来る下宿に決めた。

他にアクロンに来たのは同級生の田辺君で（倉レ勤務）、グッドイヤーとアクロン大学に案内した。その時モートン先生に熱処理の前後のヴィニロン（ポリビニルアルコール）繊維を上げて、日本ではビニロンはホルマリン処理をしないで、熱処理による結晶化によって繊維を熱水にも不溶にするのだと説明して、「初めて聞いた」と喜ばれていた。モートンさんはその後、その事実を方々で説明したらしいが、随分後になっても「水に不溶の結晶性ポリビニルアルコールを作った。これで繊維を作れば、ホルマリン処理が必要なくなる」と言う人が出ていたが、それではどうして繊維にするのか、もっと大きい問題だと思う。

一度若い大学院生（あんまり頭よさそうでない）がやって来て確率の問題を聞きに来た。

ベイリーさんにも聞いたが半信半疑なので確めたいという。そこで教えたのだが、暫く後のセミナーで、その男が、「これは誰でも知ってることだが」と前置きして教えた通りのことをまくし立てたのには驚いた。アメリカではこういうハッタリというか、自己過大顕示の男が多く、気をつけなくてはならぬと思った。

私は元々有機化学は不得意で何とか通ったが、無機化学は抜群の成績で通過し、研究の方もとても面白い見方で、微分を使っての一次反応であること、分子量分布が常に蓋然的であることを証明出来、溶液粘度、分子量関係も確立出来た。Dが出したPh.D.論文はテクニシャンに測らせた粘度、分子量関係が主な結果であったが、事もあろうに分子量の軸に、logMでなくLnMを使っていて、私のと較べると、私のは常識のlogだから全く同一直線なのに平行線となってしまう。ちょっと確めたら分かる筈を、モートンさんはそのまま他所で発表してしまうというわけで、Dのために受けた被害はつきまとった。

モンサント社

それはとにかく、Ph.D.をもらえるばかりとなった頃、私はまだ就職が決まらなかった。

Dとミルコヴィッチはそれより何ヵ月か早く、カリフォルニアの会社に採用が決まっていた。その時、モンサント社からリクルートの人が来ているので面接しないかと言う。しめたと思って面接したところ、その人は中々気の置けない面白い人で、後から聞いたが、モートンさんが私のことをベストPh.D.キャンディデートと推してくれたらしく、すぐに一度デイトンの研究所に面接に来る様にとの手紙が来た。デイトンはオハイオ州の南部で、車で五、六時間の所だったので、車で行き、適当なモーテルに一泊した。面接は色々の人と話して何とかうまく行き、帰って来た。研究室はそんなに立派とは思えなかった。しかし、それまで方々から断られていたから、むしろ必死な状況だった。

ところが数日後に、モンサントから手紙が来て「貴殿を採用したく思うが、月給八九〇ドルを提供するが、二週間以内に色よき返事をいただきたい」とある。天にも昇る気持ちだった。その日は美和子はクリーヴランドに行っており、夕方帰って来たので、何食わぬ顔で、「あっ、モンサントから手紙が来てるよ」と言ったら、「そう、又ダメなの」と言う。「まあ読んでごらん」と言ったら読み出して「わあー、よかった、よかった」と大喜びだった。何しろ私のヴィザが学生ヴィザで、それをグリーンカード（永住）に換えるのは一会社では出来ない（殊に敗戦日本からの移民《永住》は極端に限られていた）のだが、モンサントは核関係その他で政府の仕事を色々していたから、融通が利いたらしい。殊に当時はソビエトが〝スプートニク〟を打ち上げた直後で、政府はあらゆる分野の科学者、技術者を動員していた時だった。

モンサントに採用されたことをモートンさんに言ったら、「その手紙見せてくれ」と言うので見せたら、魂消げて「お前、大学から払ってた給料の三倍も貰うのか」と一緒に喜んでくれた。「先生の推薦がよかったので、深く感謝しています」と礼を言ったら、「私は何もせんよ」と言っていたが。

そのすぐ後でアクロンの大タイア・ゴム会社からもオファーがあったが、それは断ることにした。そうしていよいよPh.D.を貰える日が来た。30℃以上の暑い日だったが何とかすませて、二人でデイトンに向かった。そこに（家具つき、二寝室、リビング、ダイニング、キッチン、バスの）アパートを月一二〇ドルで借りることに決め、一旦アクロンに戻り、私一人イサカに中島君に会いに行き、そこで同君と子持ちの日本人夫妻をピックアップして、ワシントンＤＣとか近くの山とかに二泊の旅行をした。イサカに戻って私の送別会をしてくれ、中島君が本格的なエビの天ぷらを揚げてくれたのには驚いた。

アクロンに戻ってすぐジョーンズさんの所を引き上げ、デイトンの新居に移り、次の日に初出勤した。美和子は大学の方であと夏学期と後期が残っているので、クリーヴランドに住むことになった。最初ハウスガールに入ると言って、かなりよい家に住んだと思ったが、どういうわけかアメリカ人は食事がすごくいいかげんでケチらしく、すぐ参ってしまって、大学病院のナースや大学院の女子学生だけが入るドーミトリーに入ることにし、交替で炊事することにした。週末には、時々、クリーヴランドからアクロン、コロンバス、デイトン、シンシナチと南北一列に並んだオハイオの主要大、中都市を通る鉄道でデイトンに来ていたが、勿論毎週末とは行かなかった。私はアクロン時代に比べて広過ぎるアパートに一人住まいし自炊して暮らした。もっとも昼食は会社のカフェテリアで食べるから、殆ど夕食だけの自炊だった。会社に入って間もなく「実はこのセントラル・リサーチは二年後に、セントルイス郊外に建設中のヘッドクオーターキャンパスに全員移転することになっている」と言われた。私達はデイトンに親戚や友人があるわけでないので、それまでデイトンではアパート暮らしをすることにした。やがて美和子は卒業し、デイトン市の公立図書館に今度はプロフェッショナル・ライブラリアンとして働く様になった。仕事の始まる前に、今までと同じ位のサイズの家具のつかないアパートを探し、月九〇ドルのが丁度バス停の近くに見つかり、そこにベッドやソファー、テーブルなどを買い込み移住した。これはセントルイスに移ったら家を買う準備で、引越しは全部会社持ちだったからである。公立図書館は市の中心にあり、バスはすぐそこに停まるのでたいへん便利だった。美和子は化学の卒業で、ライブラリアンにはサイエンス関係の学歴のある人は少なく、ずい分重宝された。

会社ではエチレンビニルアセテト共重合体の分別や分子量測定などをして、一度、結果をノースキャロライナで全国のモンサント関係者と共に発表した。往復に乗った飛行機は地方の航空社のDC何番かの尾翼の所から搭乗する奴で、方々停まるし揺れるしで驚いた。デイトンには日系二世の会があってそこに入らされたが、戦争中二世の人がキャンプに入れられたことを恨んでいることがよく分かり、又「ジャップ」という蔑語を極端に嫌っていることも分かった。そのうちアメリカに来て初めて新車を買った。二千ドル位のアメリカンモーターズのランブラーだった。初めてのオートマティックで、最初左足がパタパタしたが、慣れると使い易いよい車だった。二世の会には日本から来た我々と所謂戦争花嫁と言われる人々も加わっていた。その中に上江州《ウエス》医師夫妻、筒井（化学のPh.D.、モンサント）夫妻（wifeは白人）がいて、我々と日本生まれの三ドクターで親しくなった。筒井さんは間もなくNYの大学に移ったが、上江洲さんとは長くつき合った。そうこうしているうちにデイトンの第二年目も終わり近く、いよいよセントルイスの新社屋が完成に近くなり、全員移住の用意として住む所を決め始めることになった。全員といってもデイトンに根の生えた人（特に奥さんがデイトンの人）やテクニシアン達は、何らかの方法で残留を試みていた。

セントルイスに家を買う

私達は当時家の値段が二万ドル台からかなりよくて三万ドル台と知っており、デイトンで二人ともプロフェショナルの仕事に二年ついて、貯えも一万ドル以上（アクロンでは三年間で一六〇〇ドルを上げも下げもしなかったが）位出来ており、二万ドル位の家を二十五％位の頭金を出せば、ラクにローンがとれると聞いていたので、その程度の家を探すことにした。夫婦の旅費は全額会社持ちで、セントルイスの空港で車を借りて初めて新築の本社に行った。そこは広大な土地に二、三階建の立派な建物が散在し、素晴しい雰囲気だった。その中の一つの建物がセントラル・リサーチという。本店の人事に先ず行き、住み家探しをヘルプしてくれる人に会い、方々見て廻った。二日目にやっと決めたのが、かなり西に行った新しい所だったが、いよいよ契約に行ったら、あの話はないことにしてくれと言う。後で聞くと、私達が日本人だからだと言う。セントルイスのような古い（アメリカでは）所ではまだ人種偏見が残っているのを痛感した。もっともデイトンにいた頃、すぐ南のテネシーやケンタッキーを旅行して、公衆便所をみつけたら、ホワイト・オンリイとカラード・オンリイと、別々に入口があり、水飲みも又別で、すごく嫌な感じがしたが。とにかく致し方なく、その時はデイトンに戻ったが、かなり皆に同情された。そのすぐ後で、再びセントルイスに二人で出かけて、今度はずっと会社に近い所に、築一年、元々老夫婦が買ったが、夫人が入居前に急死して、残った老人は一人住まいが嫌で、売りに出すことにしたという家を、会社の人が勧めてくれた。値段も、買った時二万千ドルだったのを、一万九千ドルにするという。会社の人が「これは〝スティール《盗み》〟みたいなものよ」と勧めるので決めた。ローンはすぐ近くの銀行から年五％位で一万ドル借りることにした（三十年）。つまり月一〇〇ドル位元利を払うだけで三寝室、リビング、ダイニング、キッチン、ファミリールーム、二バスルーム、ガレージつきで全室暖房も冷房もつく、庭も結構広い家が手に入った（ローンの利息は免税なので幾らか返って来る）。美和子は大学の医学図書館に就職出来、それはダウンタウンにあるので、先ず私を会社に降ろしてから、更にドライヴして行かねばならず、帰りも私をピックアップしなくてはならぬ不便はあった。そこで、間もなくフォードの小型車を美和子用に買った。又ドライヴウエイを車一台分コンクリートで広げてもらって、朝、車を入れ替えしなくてすむようにもした。

　丁度、新品ピカピカの研究室に移った頃、その窓際の工作用のデスクで書き物をしていたら、「太田さんですね」と声がして、びっくりし顔を上げたら元気そうな人が立っていて、日本人かと思ったが、私は「台湾から来た王茂修です」と言う。彼は台湾で高等農林学校を卒業、一時、三井物産に勤めたが、兵役にとられ、すぐに敗戦、暫く独立運動家として地下で活躍したが、身の危険を感じ、アメリカに逃れ、イリノイ大学に入り、七年かけてPh.D.をとったと言う。台湾に残した妻と二児が近く到着すると嬉しそうだった。王家は暫く後に私達と同じ〝団地〟に越して来て、家族ぐるみの交際をした。この団地には会員制の水泳プールが出来、夏は毎日泳ぐことにしていた。王さんの長男がライフセーヴァーになったりした。生まれて初めて自分で買った家に住むのは嬉しかったが、それ相当の苦労もあった。その一つはキッチンとファミリールームで、西向きで夏の夕方はすごく暑くなる。そこで西側に棚を作って、シェイドツリーを植えたりした。又、家が角地に建っていて、東が前で、南は道路に明け放しなので、南に生垣のプラントを一列植えてもらった。又、ガレージの南の芝生をかなりはぎ取り、そこに畑を作って野菜を植えることにした。トマトがよくとれた。又、アメリカの芝はどんどん伸びるし、水や肥料もやらねばならずで忙しかった。暖房は床下暖房で、一度だけ水洩れがあったが大体満足だった。加湿器を使ったが一日二十ℓ位も水が要った。冷房はよくなかった。その頃始まって間もないクーラーなのだが、天井にダクトがあってそれがいいかげんで洩れがひどく、修理に屋根裏をはいずり廻ることになったりした。

モンサント社での研究

会社では引越し前に私達のグループに加わったデューク大出のPh.D.カーツも一緒だった。彼は本当のサイエンティストだと思ったが、後にイスラエルから研修に来ていたDr.バーザカイは、父が弁護士とかで、すごく政治的なのには全く参った。アラブのことを人間と思ってないふしがあって、まるでかつての日本軍人が中国人を見ているのとそっくりだと思った。ただその時のエジプトとの戦争で、彼の親友が飛行機のパイロットで戦死したとかで、その人の息子にトランシーバーを贈ってやっていた。バーザカイの来る少し前に、私のボスがDr.ケニヨンからマサチューセッツから来たDr.ウッドベリーに代わっていた（ミシガン・ステート大出）。ウッドベリーはケニヨンより「リーダーシップ」はあったが、いかにもうぬぼれの強い男で、同年配のカーツは随分嫌な思いをしている様だった。私は相変わらずエチレン共重合体の分子的構造や分子量分布などの仕事をし、スピンコという超円心分離機を使ったりしていたが、その頃ジェルパーミエーションクロマトグラフィー（ＧＰＣ）という、高分子の分子量分布がすぐ分かる機械が開発され、それを見に行き、買い入れて使用することになった。

セントルイスにいる頃、日本に二度行った。一度目は一九六三年で、丁度渡米十年目に当たるので、二人で帰ったわけだが、もはや父は亡く、それが一番残念だった。京都にも行き、クラス会をしてもらい、又目黒研究所でも大歓迎を受けた。兄は四谷の土地を売って信濃町にコンクリートの三階家を建てていた。二度目は東京と京都でマクロ（高分子）の学会が一九六六年に催されることになり、アメリカン・ケミカル・ソサエティ（ACS）からチャーター機が出るというので日本までは旅費を払い、コンファレンス中の費用は会社持ちにしてもらうことにして、二人で出発した。帰りに美和子の父上をお連れ出来るかチャーターの世話人に問い合わせたら「何とかする」とのことだった。シカゴの空港に着いてみるとそこに前述の〝GPC〟の発明者ダウケミカルのモーア氏がいた。モーア氏から中村雅男氏（前述、三井化学の先輩でクリーヴランドの大学でPh.D.をとり、ダウに就職した人）の話を色々聞いた。私も〝マサオ〟だと伝えておいた。チャーター機内は満席で三人がけの私達の隣に〝アソウ〟という学生が坐った。彼は化学の学生だが、これで日本に帰ると言う。だから代わりに美和子の父を乗せて帰れるわけだ。そのうち彼が他の人との会話で「私の父はケミストリー・プロフェッサーで静岡大学で教えている」と話しているのを聞いて魂消げた。麻生先生は前述の競技部長で、お世話になった先生だ。そう言えば静高の頃、先生にはまだ幼い男の子と女の子がいたのを思い出した。そうして羽田に着いた時、税関のすぐ外で麻生チャン（と呼んでた）が迎えに来ていて、「あっ、太《タイ》正《ショウ》じゃない」と驚いていた。この時も兄の所に泊めてもらい、京都にも行った。そして帰りに四日市の三菱モンサントを見学したが、昼食は所長以下幹部と一緒で面はゆく、その夜は鳥羽のホテルに泊まった。

帰りの飛行機は美和子父子と私が同席でシカゴまで順調だったが、シカゴで皆と別れて、コロンバス行きに乗ったら満席で、お父さんは他人と同席となり、その時のスチュワーデスとのやり取りですっかり〝得意の英語〟に自信を失なってしまったみたいで、気の毒な位しょげてしまった。そんなわけで、着いたらNYの旧友を訪ねるんだ、と言っていた人が、もう早く帰りたいという始末となったのには困った。幸いにその何日か後に、美和子の兄の純さんが出張でセントルイスに来、「帰りにお父さんを連れて帰ってもいい」と言ってくれ、「おお、帰る、帰る」と大喜びなのにはあきれた。日本を発つ時は色々予定を立て、張り切っていたというのに。日本に着いた時、「ジェットにはもう乗り飽きた」と言われたという。その後、美和子が日本に行った時には、もうアメリカに行ったことは、すっかり忘れていたという。

バーザカイが帰国してから、TというPh.D.が入って来た。Tはユダヤ系でコンピューター信者みたい。自分では無器用で実験はせず、テクニシャンの測定したいいかげんなデータを、コンピューターで最小自乗法で処理して、直線を一本作製するのには参った。その彼がコンピューターでライスキャタリングの結果を処理してやると言い出し、処理は早いかも知れぬが、その頃はパンチカードの時代でデータを一々パンチしなくてはならず、結局、卓上の手動計算機と全体時間はどちらが早いか分からず。後者はデータをキーインするだけで、カードなど要らぬし、カードを別の建物のコンピューターに持って行く必要もない。そのくせ「コンピューターだと一瞬でデータを処理出来るようになった」と大自慢。そのうちに私がやっと購入したGPCを取り込んでしまって、ナイロンの分子量分布を測り出した。勿論彼は見ているだけ、すべてテクニシャンにさせていた。ところがナイロンは常温では溶かす溶剤が殆どなく、唯一の弗化エタノールを使うことになり、全装置をTHF（テトラハイドロフラン）から替えた。そうしたらナイロンの分布に二つの山がある結果が出た。私はどうもおかしいと思い、カーツ（前述九九頁）に「Tは新発見したとコーフンしてるけど、あれは所謂溶剤効果ではないか。弗化エタノールがナイロンの完全な溶剤だとは思えなく、私自身、光散乱法で分子量測定したが、溶剤効果がひどくて、使いものにならなかった。分布に山が二つあるなんて考えられないから、証明してやろうか」と言ったところ、「止《や》めておけ、そんなことしたら、Tが泣き出して止められないぞ」と言った。Tはその後他処に移ったが「モンサントは科学者を大切にしない」と言い残して行った。私はコンピューターや測定機の告げるデータをそのまま真実と受け止めるのは科学的態度ではないと思う。

だがその頃からモンサントはポリマーの研究をバイオの方に切り替え出し、私はフロアタイルのタイトロンの新ベンチャーに加勢することになった。ここでは、その製造過程ではかなり貢献できたが、ボトルネックの接着剤（タイルと床の間の）がうまく行かず（実は古狸がしっかり握っていて、自説をまげない）、結局ダメになってしまい、私もその犠牲者の一人となった。

セントルイスにいる間に、市は二〇〇年祭の記念としてミシシッピー川沿いの地にゲイトウエイアーチを建設することになった。昔西部に移住する人はアパラチア山脈を避けてミシシッピー川を北上、セントルイスに上陸して、キャラバンを作り西進したそうで、西への門戸というわけだった。このアーチはステンレススチール張りで、内部両端から四人乗りの小さな乗物を数台数珠つなぎにして頂上まで引き上げる。頂上には窓が沢山あって二〇〇mからの眺望が出来る。森昇君がNYに筒井さん（先述九五頁）の所に働きに来た時は、アーチはまだ脚の部分が出来ているばかりだったが、姪の桃子が来た頃は完成していた。桃子は東大に入ったばかりで、グループでアメリカ各地を旅行し、シカゴで一週間程ホームステイする予定と聞き、ホストの方にお願いして二晩程お借りすることにし、航空券を送った。彼女は好奇心いっぱいの頃とて、アーチに上ってみたいと言うので、一緒に上まで行ったし、私達の会社、大学にも、有名な公園にも、そして野外劇場のオペレッタにも行き、美和子はドレスを買って上げていた。

セントルイスの頃はよく旅行した。ＧＰＣのミーティングを利用してフロリダ西岸を観光したり、夏は度々モンタナのグレイシヤ国立公園に行った。車で片道丸二日かかるが、とても気に入って、方々のハイキング道を弁当を持って歩いた。一度、峠から七マイル程ある山小屋に、レンジャーの案内で二十人位の人と出かけたことがあった。道は上下があまりなくきつくなかった。昼食の時、私達は弁当のお握りを箸で食べ出したら、レンジャーが見て「この山道で箸で食べてる人初めてだ」と言って、皆にパチパチ写真をとられたりしたし、持参のキヤノンの双眼鏡が素晴らしくよく見えると、大いに日本の宣伝になった。山小屋は壁も紙だけの防音ゼロだったが、夕食はドンと沢山食べさせてくれた。

翌日は、近くに突出した山の頂上にある山火事監視所に行くことにした。我々だけ二人で登っていたら、そこに夫婦で働くという若い奥さんが追い付いて越して行ったが、間もなく戻って来て「グリズリベアが通った証拠を見つけた。一緒に行きましょう」と案内してくれた上で、先ず下の小屋にいたレンジャーに「ここに来る道にグリズリベアの通った跡があったが、今、日本人のカップルがここに来ているがどうしよう」と電話している。小屋は針金でガンジガラメにして強風に耐える様にしてあり、少し離れたトイレは何度吹き飛ばされたか判らぬとのことだった。そのうち下の方から何か陽気な叫び声がしてレンジャーが現れ、我々をエスコートして降りると言う。どういうことか判らなかったが、後に聞くところでは、ついその前にその山小屋の近くにキャンプしていた人がグリズリベアに襲われ死んだそうで、レンジャーはピリピリしていたらしい。そんなわけで普段高校で教えてるというそのレンジャーと親しくなった。その午後、山を降り車でピックアップしてもらって峠に戻ることが出来た。

冬スキーを始めたのは一九七〇年になるかならぬかの頃だったと思う。ミズーリ州は平らな土地で山がなくオザークの方にちょっとした丘があってスキー場になっていた。あのあたりではスキーはまだあまり流行していなくて、上手い人はあまりいなかった。そのうちセントルイス・スキークラブというのに参加し、ユタのパークシティ、コロラドのアスペン、アイダホのサンバレー、コロラドのベイル等有名なスキー場に出かけた。アスペン以外はチャーター機、アスペンはバスで行った。こういうスキー旅だと数日間毎日スキーをするので、三日目位になると完全に疲れてしまって転んでばかりということになる。でもレッスンも三度とって基礎は分かった。五十台では遅過ぎたが。後述の様にスキーは七十五歳までつづけた。

アメリカン・ケミカル・ソサエティ社に転職、オハイオに家を買う

タイトロンの仕事が全体として失敗に終わり、ポリマーの仕事もなくなって、いよいよ来るかと思っていた、「三ヶ月予告」が遂に来た。時代の趨勢としか言いようがない。社内で色々当たってみたが、何しろ五十過ぎ、社内ではダメで、市内ではと思ったが大体が大企業がなく、小さな所では〝オーバクオリファイド〟と断って来る。そのうちアメリカン・ケミカル・ソサエティ（ACS）の求人広告にACSの一部のケミカル・アブストラクト・サービス（CAS）で日本語の出来る人を募集していることを知り、個人で翻訳業をやるより余程よいと思い手紙を書き、アクロンのモートンさんに電話して推薦を頼んだ。モートンさんはすごくモンサントに腹を立てたようだった。面接の招待はすぐ来て出かけ、初めてコロンバス（オハイオ州の真中で州都）に行った。ホテルもすごく広い部屋で、翌朝、人事の人がわざわざ来て朝食を一緒にしてくれ、大変な持てなしだった。インタビューは順調で、昼はカフェテリアだったが、食事はそう悪くないと思った。途中コリア

ンのPh.D.中氏と日本人のイホチ氏（立教大、オハイオステートPh.D.）に会った。帰ってすぐに通知があり、年俸一万五千ドルとあった。当地モンサントから年俸一万七千ドル以上もらっていたからちょっとゴネてみたがダメで、同意することにした。

すぐに家を探しに二人で出かけたが、CASが今度用意してくれたホテルの部屋は狭く、ダブルベッドなので、成程「釣れた魚か」と思った。会社で頼んでくれた不動産屋（女性）はウデがよく、老夫婦がアパートに引越そうとしている家を三万五千ドルで買えた。セントルイスの家は十年住んだだけだが、大分傷んで来ていたが、何とか二万六千ドル位で売れていたから僅かに残ったローンを返しても結構儲かった位、十年間只で広い家に住めたも同じだった。

コロンバスの家は月々一五一ドル払っているから、ローンも一万ドル位しかしなかったようだ（利息は上がっていた）。この家は中二階があり、二車分のガレージと、同レベルにファミリールームと半バスルーム（風呂なし）、その半階上がリビングとダイニングとキッチン、その半階上が丁度ガレージ、ファミリールームの上がマスターベッドルームに全バスルーム、ベッドルーム二つに全バスルーム、又ファミリールームの半階下、リビングルームとキッチンの真下が広い地下室になっていた。地下室は湿気がひどいのでヒューミディファイアを買ったら、一日で沢山水がとれてよくなった。そうして十年間住んだセントルイスを離れたが、モンサントでは同僚達の残った人々が私のために送別会をしてくれ、ブリーフケースとペンとを送別にくれた。これはまれなことで、感謝の辞を述べながら声がつまって困った。

引越費用はCAS持ちなので、家財道具一切を運送屋にまかせ、十年間飼っていたダックスフント（ランディ）を車にのせて、一路東に向かった。インディアナポリスで一泊し、次の日新居に入った。

この家はコロンバスのダウンタウンから北だが、家の向かい道路の向こう側は狭い（幅十五〜二十メートル）空き地、そのすぐ向こうがまだ市に編入を拒んでいる大邸宅の裏庭なので、そこに家の建つ余地はなく、向こう三軒どころか、向こう十何軒なしのプライバシー。空地の芝は刈らなければならぬが、ちょっとしたゴルフの練習なども出来た。又、客の多い時はパーキングにも使えた。家の裏庭は南隣と東隣が鎖のフェンスをしているので、西と北の一部に同様のフェンスをして犬が逃げ出さない様にした。又芝以外何もない庭なので色々樹を植えたり花壇を作ったりし、又、家の東側に野菜畑を作ったりした。近所の人はとてもいい人達で親切だった。

会社ではマネージャーがよい人で、アシスタント・マネージャーはちょっと気難しいところのある男のようで、L夫人を私のインストラクターに指名した。彼女は五年社員でアブストラクトの書き方は上手かったが、ＢＳケミストだからそんなに化学のことは知らないようなのに、本人が自信満々なのにはちょっと困った。そのトレーニングも半年位で終わり、ライヤソンというエクソンから来た人と代わり、日本語を処理することになった。ライヤソンは語学の天才のようで、独仏西の他、ロシア語も読めるし、日本語にもチャレンジしていた。その上Ph.D.の実力、殊にポリマー関係の知識は抜群と思えた。一度彼の書いた日本特許のアブストラクトを見せてもらったが、完全だった。ただそれを書くのに丸一日かかったというから実用的なスピードではない（私のスピードはアブストラクトとインデックスで一日六〜七）。

ＣＡＳに勤めて最初の一年の評価は質量とも平均ということで、そんなものかと思っていたが、二年目は随分慣れて速くなったと思ったのに同じ評価しかくれない。丁度その少し前に最初のアシスタント・マネージャーがヨーロッパに転勤し、前年のを新しいアシスタント・マネージャーに渡して行ったものと思われる。そこで大いに憤慨して、長文の抗議文を出したところ、次の評価からは各項目優秀から平均以上に変わった。

ＡＣＳに入ったすぐの日、Dr.葉《イエー》という人がカフェテリアに案内して下さった。彼は私より二〜三歳上、台湾出身、台北帝国大学の出身で、戦後、台北大学の教授をしていて、蔣介石政権を嫌って米国に来たという人で、奥さんも全く日本人と変わらず、随分長く親しくおつき合いした。息子さんがタコマ（シアトルの隣市）で眼科医を開業していることもあり、ご主人の没後も奥さんが連絡して下さった。その他、Dr.小林（この人は帰米二世）、Dr.宇都宮、Dr.イホチ（前述一〇七頁庵地？）の日本人、韓国人はDr.申、Dr.李、Mr李、Mr金など、大体皆、日本文献、日本特許を処理していた。後から加わった日本人にDr.小鷹、Dr.仁木、Mr神谷等がある。それぞれ後日談があるが、私達がシアトルに移ってから我家を訪問して下さったのは、葉、Dr.李、金、小林、神谷、小鷹夫人だった。

仕事の方は順調で、アシスタント・マネージャーもマネージャーも代わり、二人共日本語の仕事の大変なことをよく解ってくれて、五年でシニア・アソシエートに、八年でシニア（最高ランク）に出世出来た。

美和子はコロンバスにあるオハイオ・ステート大学の医学部図書館に就職出来るものと思って待っていたが、中々採用してもらえず、聞けば大学の人事は姻戚関係を重んずるらしく、仕事は教授の奥さんに行ってしまった。そのうち同じCASがライブラリアンを募集していることを知り、私は嫌だったが、彼女は応募して採用になった。私のオフィスは四階でライブラリーは地下なので、仕事で顔を合せることはなく、ランチは一緒にカフェテリアで食べた。通勤に車一台ですむことは便利だった。そのうち美和子は次第に頭角を現し、アシスタント・マネージャーまで上りつめた。それまで女性の管理職は殆どいなかったが、女性平等の気分が強くなり出した時だった。

コロンバスにいた頃、姪の桃子の夫、市川勝氏がゴードンリサーチに出席の途次、寄られた。英語の発音の上手なのに驚いた。

桃子も暫くハーバード大学に招聘され、息子の稔君と帰国の途中寄って行った。稔君はアメリカが気に入ったらしく、特にアメフトのニューイングランド・パトリオットが大のひいきで、もっと残りたいと不満だったようだ。

兄は、最初は仕事でサウジからの帰りに、もう一人の人と一緒に寄った。この時はトレドまでドライヴして行き、二日目は兄と、宇都宮氏に頼んで彼のゲストとしてＯＳＵのゴルフ・コースでゴルフを楽しんだ。

兄とは金のことでゴタゴタがあったが、それも何とか妥協、収拾した後、私達がＣＡＳからリタイアーする前年のメモリアルトーナメントに招待した。最初の時から数年たち、エアポートのターミナルビルディングは、田舎町のそれから大都市にふさわしい立派な建物に代わっていて、飛行機が着いて暫く坐っていて、スチュワーデスに「コロンバスまであとどの位?」と聞いて「ここがそうですよ」と言われて慌てて降りたそうだ。

プロアムもトーナメントも全部見物、一度だけ宇都宮氏に私のチケットを貸して上げて、案内してもらい、夕食をレストランでした。奥さんにも来てもらった。トーナメントの前にナイヤガラにも案内した。往復車（片道七時間）で、堪能したようだった。

コロンバスの頃、日本人女性が一人入って来た。服部と言い、アメリカ人と結婚しているが、武家の一人娘なので、夫の姓に変えぬそうだった。夫君は東大経済学部の出で世界銀行に出向している間に、彼女はハイスクール・大学・大学院（ブリガム・ヤング）と進んでPh.D.だった。色々世話したが、ＣＡＳの仕事を嫌って他所に移った。

そのすぐ後で、智原君が入社した。彼は物理化学が専攻（北大大学院）だが、ポリマーがやりたいと言い、ポリマーを始めたので、随分と私を頼りにしてくれて、最近「ＣＡＳと太田博士」という文章を書いたと送ってきてくれた。彼とはスキーにも一緒に行ったりして、随分私的にも親しくしたが、企業の研究にも大いに気があって、二、三年で他所に移ったが、行く先々で不運に遭い気の毒だった。そのうち、アメリカ企業放浪記を書くと言って、前記のように最初の章にＣＡＳでの私との関係を書いた文章を送ってもらったが、ちょっと誉め過ぎで面映ゆい。彼とは電話でずっと連絡があった。

しかし何と言ってもＣＡＳで一番親しかったのは先述のDr. 葉だった。代々、高学歴の家らしく、兄さんは台北帝大出の医者で軍医として日本軍に従軍して戦死されたという。彼はよく私のキュービクルオフィスに来て世間話などしていた。或時バークレーの頃の写真を見せて、「この中の女性ご存知ですか」と聞いたら、「陳月華ですね。彼女は私の教え子でしたが、とてもよく出来る人でした。今では大学の教授として活躍していて、クリスマスカードを交換している程度です」とのことだった。

CASには日本に直接関係する会社があり、時実さんという人が来て時々長く滞在していた。彼とは少々ゴルフを遊んだ。ゴルフはCASで初心者用のレッスンがあり、美和子と一緒に加わり、9ホールのコースでプレイする様になった。

特許庁の小野さんという技官も一時CASで研修した。彼を初めてのゴルフに誘ったが、中々すじが好く（確か野球をやっていたとか）、幾度か行くうち、バーディーをとれて大喜びしていた。もっとも最初の日にはグリーンのアプローチでNo9アイアンを力一杯振ってボールが天空高く、OBになってしまったのはお笑いだった。彼とはスキーにも一緒した。スキーは中級の腕で、とても楽しんでいた。

小野さんと往復の車の中で、益子洋一郎さん（前出）の話が出た。清廉潔白な方で、工博と理博を取得し、工業試験所長を退官後は一切の宮仕えを断り、悠々自適の生活をしておられる、とのことだった。

コロンバスの頃、一度益子さんからお便りがあったことがある。たしか「京大陸上OBの会にかつての好敵手植村（三高）氏に招かれて行ったが、その時名簿を貰い、貴君の名があり、私には必要がないので送るが、一度帰国されたらお会いしたい」とあり、早速お返事したが、その後間もなく白血病で亡くなり、お会い出来ず残念に思う。

日本人以外で私のキュービクルによく来たのはDr.リーで、朝鮮戦争で北から単身逃れて来たと言い、従って家族とは一切音信がないと言う。彼はちょっと無理して日本語で話してくれた。

Dr.施《シイ》は台湾に渡った本土人ながら、早稲田大学を出て日本の企業でも働いていたとかで、日本語が話せた。Mr金は割と若いコリアンながら私に対してごく自然だった。Dr.中《シン》は私より先にCASに入った人だが、競争意識のせいか、反日のせいか、ちょっと冷たい態度だった。彼の奥さんもCASで働いていたが温かい人だった。

日本人で気の毒だったのはK氏だった。二男二女の父で奥さんはライブラリアンとして他所で働いていたが、私達がコロンバスを離れた頃、長女が乳癌になり、中々しっかりした人だったらしく、すっかり死後の用意を整えて亡くなったそうだが、父のKさんは大変な打撃だったらしく、ちょっとおかしくなって、人種問題で普段思っているのと正反対のことを書いた手紙を日本人以外で日本語を処理している人達に送りつけるという考えられないことをしてしまったという。その時の所長は彼の立場に同情してか、依願退職とし、年金その他の恩典はそのままにして上げたというが、非日本アジア人に随分悪感情を起こしたことが悲しまれる。この話はDr.葉から聞いたが、その後K夫人がシアトルの学会に来た時の話では、ご主人はＣＡＳに飽き飽きして辞められたような話で驚いた。その後でDr.李もシアトルに立寄り「えっ、奥さんも本当の事情を知らないのですか」と驚いていた。

退職の計画、シアトルに家を買う

話を戻すが、一九八二年の六月に二人でシアトルを初めて訪れた。それまで退職先の住まいをどこにするか散々議論した末、日本に近く、夏涼しく、冬もそんなに寒くなく、山が近くてスキーも日帰りで本格的スキー（コロンバスではランが百メートル位しかなかった）も出来るという。先ず予算の値段の家を見て歩いたが、何れもベッドルームが狭く、私達の様にダブルベッドの嫌いな夫婦には向かない。その時不動産屋が「ちょっと予算以上になるが」と言って見せてくれた家は、大きな家で、無駄なスペースの多い家と思ったが、一晩寝て考えているうちに気に入ってきて、翌日買うことに決めた。それが現在も住んで私の最後の住み家となったこの家だ。

しかしまだ定年まで二年近くあるので、不動産屋の言う通り、誰かに安い家賃で住んでもらうことにした。それは大失敗だった。不動産屋が貸した相手は漁師で、二人のティーンエージの乱暴息子があり、妻は煙草スパスパ、よくこれだけ新築の家を破壊し汚したか、感心する位ひどい使い様だった。

コロンバスの終わり頃、美和子が大腸の手術を受けた。内視鏡で小腸の近くにポリープが見つかり、内側からは除去出来なく開腹手術をした。「シアトルに買った家に住まずに死にたくない」と言っていたが、暫く静養して回復した。

一九八三年の秋にヨーロッパ旅行に行った。先ずロンドンのヒースロー空港で全員集合、ドーヴァーから船で一夜を過ごし（そのキャビンの狭く窮屈なのに閉口）、ベルギーに上陸、バスでアムステルダムに着いた。午前は花のオークションを見物。午後、自由時間をもらってヴァン・ゴッホの博物館を訪問したが、その日の夕方に集合予定の中央ステーションに戻る電車を間違えて冷汗をかいた。次の日にドイツに入りコロンを見物、その夜はオーストリアのウィーンに泊まり、次の日はスイスのルサン（ルッツェル）に一泊したが、天候が悪く一日中雨でアルプスは見えなかった。それからイタリアに入り、ヴェニス、フィレンツェ、ピサを通り、ローマに一泊した。ミケランジェロのすごさを堪能出来た。それからニースを通ってパリに入り泊まった。帰りのロンドンではホーバークラフトに乗った。船酔いする人も出て来た。こうして一週間七ヶ国の大急ぎヨーロッパ旅行を終え、ロンドンで二、三日ゆっくりしてウィンザー宮やロンドンタワー、有名デパート、バッキンガム宮殿などを見物して帰米した。

シアトル、悠々自適

そうしているうちに一九八四年退職の年がやって来た。美和子も一緒に退職すると言い、会社は会社時間内で送別会をしてやろうと言う。二人だから三十～四十人位集まり、編集長の司会だった。彼は私が如何に勤勉で最後の最後まで働いたか誉めたたえて面映ゆかった。美和子と私と短いスピーチをし、ケーキが出て、美和子はコロンバスの水彩画を、私はクロックラジオをもらった。

その夜はすっかり荷物のなくなった家に寝て、翌日いよいよ西に向かって出発した。第一夜はセントルイスで高野さん宅に泊めてもらい、王さん夫妻とも夕食を共にした。次の日はオクラホマシティ、その次はテキサスのアセリロ、そして脇道にそれてグランドキャニオンを訪れ（二度目）、ニードルに着いた。まだ五月上旬なのに評判通り暑いのを知った。そして翌日アナハイムに着き、ディズニーランドを見たがあんまり感心しなかった。その日の夕方、上江洲医師夫妻に久し振りに会い、会食した。そして次の日、村地徹君、池田リヨ君と会い、海岸のレストランでランチをいただいた。夜はサウザン・オークスまで行き、神谷君の家に泊めてもらった。次の日はカーメールに泊まったが、最後の部屋がやっととれた。次の日、新聞王ハーストの作った邸を見物して、サンフランシスコ、バークレーを通過したが、三十年の年月であまりにも変わっていてそのまま通過、オレゴンとの州境のシャスタに一泊、次の日やっとワシントン州に入り、首都オリンピアに泊まった。

不動産屋に案内してもらって新しい家に落ち着いたが、前記の通り家の内外はメチメチャ、庭は草ボウボウ。先ずは草抜きから始めた。近所の人はワイルドな隣人がいなくなって、ちゃんとしたオウナーが住むのを喜び、親切にしてくれた。この家はクードサック（袋小路）に八軒立つ家の中の一軒で、近所づき合いは近からず遠からずで丁度よかった。

草ボウボウで芝も張ってない庭は、庭師に頼んで芝や灌木やリンゴの樹などを植えてもらい、裏庭には野菜畑を作ってもらった。その時、池を作るための穴も掘ってもらった。池は自分で張ることにし、大量のファイバーグラス、ポリエステター液パーオキサイドを買い込んで始めたが、中々大変で随分何度もやり直した。

その間、近所の地形を知るためと運動にと、毎日のように二人で散歩に出た。この辺は丘や谷の地形に沿って、真直な道はなく、堂々巡りしたりした。

二人のリタイアメントは二十三年に及んだが、その間、私が日本に五回、美和子は四回行った。私の場合は、一九八七年には信濃町に泊めてもらったが、兄の病気で後の四回は妹の米子の所に泊めてもらった。クルーズにはカリビアン、ハワイ、アラスカ、パナマ運河通過と色々行き、米国内も方々見物した。又この辺の山の、レニアー、オリンピア、Mt.ベーカ等の山歩きも屢々した。シニアセンターで始めたゴルフにも参加して毎週プレイしたし、テニス（と言っても室内スポンジボールの老人向きのもの）、それからピンポンも毎週楽しんだ。

それで家計と言えば、二人共働いていたし、CASはNPOなので年金が沢山入り、他にIRSソシアル・セキュリティー（厚生年金？）、財産収入（利子や配当）等を入れると常に黒字だった。

丁度この辺を書いていた時（四月二十日）、美和子が「癌に対するどんな治療を受けたか、書いてみたら」と言い、それもそうだがもう時間もないのでこの辺で中断して、そちらを始めることにした。（付録参照）

第三章　付録

［付録㈠］米国留学の前後

（この一文は、先年、静岡高等学校の大同窓会の際、同期の学友に頼まれて書いたものです。重複しますが参考までに）

私は静高入学以来、京大（高分子化学）卒業まで、陸上競技部に入っておりました。その間、チームメイトばかりか先、後輩の方々との深い友情に恵まれ、忘れ得ぬ経験であり、決して悔いは致しませんが、勉強の方は殊に高校でかなりおろそかになり、又、大学でも卒業が繰り上げになったこともあり、随分学力の足りない学士として世に出たのが昭和十八年の九月でした。

戦争中は幸いに陸軍の短現（短期現役兵）で、その方面の研究に従事して過ごしましたが、戦後復員した会社の景気が悪く、人員過剰もあり、三回もリストラがあり、三回目に失業してしまいました。

学力の不足は自覚していましたので、大学に戻ることを考えましたが、三十過ぎてそれも気まずく、どうせ大学に行くなら米国に行こうと決心し、父の勧めもあり、結婚後間もない妻も合意してくれて、日本政府から私費留学の認可を受けました。そのおかげでドルも公定（当時三百六十円、ヤミでは四百円以上）で買え、米国に入国するための学生ビザも、スポンサーなしで易々と入手出来ました。そして横浜から日本の貨物船に乗せてもらい、サンフランシスコに単身上陸しました。

アメリカでは、カリフォルニア大学のバークレー校の化学工学部に入りましたが、ここは、ノーベル賞受賞の先生が二、三人も普通の教授として教えている、頗る程度の高い学校で、物凄く勉強させられました。教授には博士課程の学生の有給の助手が何人かついていて、宿題や試験の採点をしますので、教授は研究に没頭できるわけです。

バークレーでは益子洋一郎さんとご一緒することが出来ました。益子さんはかって一高競技部のキャプテンとしてインターハイに多種目で大活躍をされ、その奮闘ぶりを見て以来、崇敬していた方で、バークレーには東大化学科を卒業（長倉さんより一年先）の後、東京工業試験所から派遣留学として来ておられました（後に日本で工博、理博、東工試所長）。その益子さんですら勉強のきつさにほとほと感心しておられ、「昨夜は宿題の解答に徹夜してしまったよ」と言われたこともありました。私が如何に猛勉させられたか、ご想像下さい。益子さんと一年間ご一緒出来て、その高潔な人格に触れることが出来たのは望外の喜びでした。

バークレーで最初の半年はインタナショナルハウスに住んでいましたが、経費がかさみ、日本から持って来た金は次第に減り、又、学生ビザでは学外でアルバイトをすることも許されませんので、節約のため、共同キッチンで自炊の出来る下宿に住み替えることにしました。そうしてやってみると、切りつめて暮らせば、一人でも二人でも生活費は大して違わないことに気付き、日本に一人残した妻を一年後に呼び寄せることにしました。これ又、学生ビザで日本の貨物船で参りました。

この少し後に、ライフサイエンス学部の教授の所に研究助手の求人があり、早速応募し、採用してもらえる幸運にありつけました。ハーフタイムなので、今思えば雀の涙の給料でしたが、当時の円に直せば、日本でもらっていた給料の数倍になりますので、大変に助かり、ＭＳ（修士号）が貰えるまで、滞在が出来ることになりました。ＭＳは単位と資格試験だけでとりましたので、かなりきつくはありましたが、基礎の学力を大幅に向上させることが出来ました。

バークレーでは高分子化学の専門の教授がおられず（もっとも高分子化学でノーベル賞受賞のフローリ博士や、高分子溶液論で著名なハギンス博士も一時バークレーで熱力学関係の研究をされたように聞きますが）、丁度オハイオ州のアクロンの大学の高分子科学研究所で、博士課程に進める研究員の欠員があることを聞きましたので、所長のモートン博士に手紙を出し、丁度サンフランシスコに出張して来られた時に面接致しました。

そうしてアクロンに移住することになりましたが、当時のアクロン大学はまだ小さく、学問のレベルもバークレーに較べてかなり貧弱でした。但し、アクロン市にはグッドイヤー、ファイアストーン、グッドリッチ、ゼネラル等のタイア会社の本社、本工場、中央研究所があり、その点色々と刺激もあり、よい勉強が出来ました。

バークレーでつけた実力は非常に有効で、博士（Ph.D.）資格試験は難なくパスし、（静高で第二外国語として習っただけの独乙語も！）論文もユニークなものが出来て、目出度くPh.D.がもらえることになりました。

私は何とかしてアメリカの会社に入ってみたいと思っていましたが、何しろビザは学生ビザですし、当時日本から永住権のとれる数は極端に制限されていましたので、殆ど不可能と思われていました。ところが丁度その頃、アメリカとソ連の間で宇宙開発競争が始まり、政府はそちらに多くの科学者を動員しておりましたので、一般の会社で研究員が不足する事態だったせいもあって、M化学会社から採用の手紙を入手することが出来ました。その通知をモートン先生に見せ、「大学からの給料の三倍近くも貰うのか」と驚かれました。

その頃、妻はアクロン大学から化学のＢＳ（学士号）を取得後、隣市のクリーヴランドの大学で図書館学のMS（修士）課程で勉強中でしたので、私はオハイオ州南部のD市にあったM社の中央研究所に赴任し、妻はクリーヴランドの大学の寄宿舎住まいをし、半年余でライブラリーサイエンスのMSを取得、すぐにD市の公立図書館に就職することが出来ました。

その頃、M社は、ミズーリ州のS市郊外に本社屋と各種の研究施設等を建設中で、中央研は全員S市に移転することになっており、二年後に私達も転居し、その際、家も購入出来ました。妻はS市にある著名な私立大学の医学図書館に就職しました。

このようにして私達は典型的な米国の中流生活を享受出来る様になりました。

私は途中一度職を変えましたが、六十五歳で定年退職するまで、職場で人種的差別を受けたことは一度もなく、楽しく働けて、休暇には日本に帰ったりし、方々旅行を楽しみました。

退職後は海も山も近く、気候のよい当シアトルの郊外に移住しました。最初は知人も全くいなかったのですが、妻が非常に米国向きの性格のせいで、沢山の友人も出来、スキー（七十五歳まで）やゴルフその他軽いスポーツを楽しんでいます。

もう我が人生も終わりに近づいていますが、よき生を受け、戦前のよき日本に住み、よき教育を受け、戦後はよき妻に恵まれ、共に米国に留学し、就職永住もかない、引退後も豊かに余生が送れて、思い残すことのない人生を持ち得ました。多くの人々に感謝しております。

[付録㈡] アメリカの退職と老後

この度旧知の加藤恭子女史の御紹介で貴誌（『コミュニティー』88号　一九八九年（財）地域社会研究所発行）に表題について書く様御依頼がありましたのでお引受けしました。私の経歴は大正八年生まれ、京大卒（高分子化学）、某化学会社に就職、戦後結婚、大学院留学生として渡米、オハイオ州アクロン大学で博士課程修了の後、化学会社M社（セントルイス）に就職、十二年余の後、化学情報社C社（オハイオ州）に転じ、又十二年余勤務、満六十五歳で引退、直ちにシアトル郊外に移住というかなり変わったものですので、このレポートでアメリカ人の引退生活を全般的に述べる資格も意図もありませんが、私の見た範囲について述べさせていただきます。

私の働いておりました頃のM社では定年は六十五歳で、トップでも平でも皆六十五歳できっかりと退職しておりました。C社でも同様でしたが、途中、国法で七十歳までは年齢に依る差別（昇進、昇給、採用、解雇等で）をしてはならぬことになりました。

日本では定年の年齢がかなり低く、これは年功序列、敬長の気風の強い日本の職場で高齢者が上の地位に居座るのを防ぐのに好都合なのかと思いますが、アメリカでは年功はあまり地位と関係なく、上下の人的関係もうるさくなく、高齢者でも能力のある若い人の下で甘んじて働くようで「後進に道を譲ら」ねばならぬこともないし「老害」に当たる言葉もない様です。ですから七十歳まで働く能力があれば働いても差し支えない状況が法的ばかりでなくあるわけです。それにも拘らず大概の人は六十五歳になると引退する様です。その理由は、一般の米国人は職業とは生活の糧を得るための手段にすぎず、働かなくても生活出来たら自分の好きなことをして生活をエンジョイしたらよく、何も苦労して働くことはないという考えのようで、日本の男子は「働くことだけが生甲斐」であり「大の男がまだ働けるのにブラブラ遊んでいるのはみっともない」という気風があるし、又定年も早いので経済的な理由もあって、「第二の人生」とかであまり報酬もよくない昇進の望みもない仕事につくのとは事情が異なる様です。

では果たして働かなくても生活出来るのでしょうか。御承知のように米国ではソシアルセキュリティー税を所得から源泉で収めさせられますが、この資金から六十五歳になると年金が支払われます。その額は中位又はそれ以上の収入で二十年以上働いた人は皆年に九千五百ドル内外の支給になると思います。これだけでは安楽な暮らしは無理ですが、大概の企業では年金制度があります。会社に依り規定があるのですが、一定年（大体十年）以上同じ所に働いた人に限り、その会社の最後何年間かの平均給料のｘ％に勤務年数をかけたもの（ｘは１・０以下から２・０近くまで会社に依る）が六十五歳になった時点で支払われます。私の場合はＭ社での最後の給料がインフレ前でＣ社のそれに比してずっと低かったのでかなり不利なのですが、両方合せて月に千百ドル位にはなります。この他にＩＲＡ（Individual Retirement Account）の制度があり、収入の一部をこのＩＲＡに無税で入れるとその利子や配当（普通年で６％から10％）に対する所得税が延期されて、引退後に引き出す時に初めて税の対象となるのですが、米国の税制は累進制ですから引退後の所得税はずっと少なくなるわけです。米国ではいわゆる背番号制で、就職も投資も預金も総てこの番号で行い、あらゆる収入が税務署に集計されますので、ＩＲＡは税関係でたいへん有利な制度です。教員等非営利の仕事に勤めた人にも同じ様な制度が適用されていま す。又米国では家を買うためのローン利息の支払いには税がかかりませんので、今の老人の多くは若い頃から家を持っておりますし、ローンを払い切った人も多く、老人だけが自分の家に住んでいると言われます。

私達も日本の平均と較べたら遥かに大きな庭つき二車ガレージ付の家に二人きりで住ん

でおりますが、「住」のために払う費用は全屋冷暖房を含む光熱費、不動産税、火災保険、水道、下水ゴミ処理等全部込めて月平均で三百五十ドル位です。又、バスのサービスもありますが、やはり車の一台は必要ですが、この消却（中位の新車を五年毎に買い替えるとして）、保険、燃費、維持修理費、使用税等全部で月平均三百ドル近くと見て、あと「食」と「衣」となると現在の円対ドルレートでは日本の物価の半分位ですから、月額で衣食住必需費は千をちょっと越す位となります。ですから前記の年金類と財産収入でかなり豊かな生活が出来るわけです。

　この地域のシニアセンターに私達も入会していますが、色々のグループ（スポーツ、旅行、学習、娯楽）やサーヴィス（昼食の給食、マイクロバス輸送、相談等）があり、私達は度々旅行のグループに参加して、バスツアー、クルーズ、海外旅行等に参ります。又テニスやゴルフのグループにも入っています。妻はこちらで図書館学を学び（修士）、現役の頃は方々の医学や化学図書館にライブラリアンとして勤めましたが、私と同時に早期引退しました。花が好きで庭に色々の花を育て楽しんでいますが、この地域のガーデンクラブでも活躍し、資格をとってフラワーショウの審判員（ボランティア）にもなるつもりだそうです。私も庭の手入れ、芝刈り、野菜畑等に忙しく、冬は近くの山にバスで日帰りのスキーを楽しみに毎週出かけます。週日に行きますので、男は引退者だけで少なく、多くは中高年の主婦です。又この近辺には美しい海岸、山、湖等が多く、時々弁当を持って一泊位でハイキングに参ります。日本にもたまに参りますが、帰る度に日本の物価高に驚かされます。

この地域のシニアセンターは建物も古く狭くて車のパーキングスペースも不十分で不便でしたが、去年の大統領選挙に抱き合わせて新センター建設資金設定の住民投票がありました。これはこの地域の住民の不動産税を或期間上げてその増収分を使って土地を買収し建物を作るという、増税を含む投票なので、普段は中々通り難いのです。私達も家の表にプラカードを立てたり、投票日に近くの交叉点にプラカードを持って立ったりして応援しましたが、センターの人々は大いにハッスルしておりました。結果は何と三対一位で通ってしまい、来年中に新しいセンターが出来ることになりました。

幸福は金では買えないと言いますが、老後の幸福には健康と金とが必要条件であることは確かです。現在の米国の老人は幼少若年の頃に大不況の経験をしていますが、そのせいか若い人達に較べて質素に暮らしているように思われます。又米国の年齢別財産を比較すると、老人の年齢域が一番金持ちだという統計もあります。その意味で米国の老人は幸福だと言えましょう。私達も敗戦間もない日本から貨物船で身一つでやって来て、就職出来てからは別に差別もされず、真面目によく働きはしましたが、今安楽に余生を送っています。

但し、米国では貧富の差が日本と較べて遥かに大きく、若い頃定職のなかった人や、長い病気で苦しんでいる人など、社会保障で細々と暮らしている人も多く、色々問題もあります。又、現在私達の接している人々は全部白人と呼ばれる人々で、他の少数民族の多い地域の状況は上記の楽観的なものとは異なるものと思われます。そのような意味で物足らぬレポートではありますが、私が見た限りについて書いた次第です。

［付録㈢］軍隊生活の記録―短現

（この一文は一九九七年に旧陸軍航技候補生の親睦会があった際、あの頃のことを書き残してはどうかと話があり、会合後に書いて送ったのですが、幹事の人が亡くなったとかで、そのままになっていました。重複すると思いますが参考まで）

太平洋戦争も半ばの昭和十八年当時、京大の高分子化学科学生だった私は、二年生を半年で済まし、先年の十月から卒業研究に明け暮れしていたが、九月に卒業したら、早速軍隊に行かねばならぬ暗い予想があった。私は高校入学以来大学でも陸上競技の中距離選手をしていたので、健康体だったから、現役入営は必至だった。丁度その折、教室の掲示板に「陸軍航技候補生募集」とあるのが出ていて、それによると、要するに陸軍の技術の短期現役兵で、四ヶ月の訓練の後に航技中尉に任官し、二年間現役の後、予備役に編入されるとのことだった。当時海軍でも短現を募集していて、両方受けるか、何れか一つにするか考えたが、両方受けて両方から嫌われてもと思い、陸軍だけを受けることに決めた。

身体検査があって暫く後に面接の通知があり、大阪城内の陸軍の役所に行き、一人ずつ面接を受けたが、面接官は中央に中佐、左右に技術大尉が一人ずつで、卒業研究を説明した後、二、三の質問を右側の大尉（多分化学系）がし、次に中佐が「何故陸軍だけ受けて海軍は受けなかったか」と聞いてちょっと困ったが、「覚悟が決まってよいと思う」とごまかしたら「ヨシ。陸軍に採用。内定」と言う。この時の嬉しさは大きく、高校に合格した時よりももっと嬉しかったと思う。これで現役入営して古兵にいじめられたり幹部候補生の試験を受けたりの心配もなくなったし、たった四ヶ月の訓練で将校になれる。吉報は早速東京の両親に報らせた。

九月末に大学を卒業し、十月一日からあらかじめ就職の決まっていた三井化学の研究所に出勤した。その少し前に「十一月一日、立川教育隊に入校を命ず」という通知と「十一月一日某連隊に現役入営を命ず」という通知が重複して来ていた。就職は僅か一ヶ月、何も出来ないのに日給八十五円も貰ったし皆さんに親切にしていただいた。

十一月一日立川駅に集合せよとのことだったので、スーツはよして学生服に学帽で出かけた。色々の服装の若者が集合し、その中で将勤章をつけた見習士官の人が号令して、七キロ程行進して教育隊に着いた。着いてすぐ第五中隊に編入されたが、軍服等が用意されていて軍曹の階級章のついた新品の軍服に着換えた。その後区隊長という少尉が来てちょっと話をした。名前は忘れたが召集の将校らしく、くだけた感じの人だった。ところがその次の日だったかに、急に第六中隊に行けと言われ、そちらに替わったのだが、成程、第六中隊は全部大学出で、最初高専卒と一緒くただったのを別々の中隊に分けたのだった。それ以後の四ヶ月は第六中隊第二区隊員として通すことになった。

第六中隊はT大尉が中隊長で、この中年の大尉は下士官からたたき上げた人のようで、私達大学出には好感を持っていないらしく、たった四ヶ月で中尉になる制度に不満と反感を持っていた様だ。

中隊は三つの区隊に分かれ、第一、二、三区隊長は少尉で、これらの少尉は何れも陸士五十六期の新品少尉というから我々より二つ三つ若いし、学歴も我々より下だが、すごく威張っていて「お前ら」とか、「オイ候補生」とか、我々にどなりつける。中隊には将勤の青木という見習士官がいて、これは師範学校を出た幹候上がりで、暫く後に少尉に任官したが、この人はあまり威張らなかった。他に中隊附きの曹長と軍曹が四、五人いたが、軍曹達は自分達が先任だからと我々に上官ぶっていた。

区隊長の少尉が最初やったのが私物検査で、官給品以外は全部出せと言う。私は歯ブラシ、安全剃刀、手拭、褌くらいだったが、それ以外のものを持っていると全部私物庫入りを命ぜられ、「お前はここがホテルとでも思ってるのか」とどなられたのもいた。次に彼がしたのは、相互ビンタで、隣の男の姿勢などに何か欠点を見つけて、横面を殴るのだが、隣のベッドに寝る同士だから、つい手加減をすると「やり直せ」とどなられる。笑いでもしたら区隊長自らの鉄拳が来た。少尉はちょっとしたことに鉄拳をふるうので、「パンチ」というあだ名がひそかにつけられた。その後もこの少尉や下士官に殴られたが、学生時代運動部にいたのに上級生に殴られたり、下級生を殴ったりしたことは一度もなかったと面白くなかった。この少尉は教練の途中や中隊長の講話の時に笑ったり居眠りしたりしたと言って殴る。中隊附の軍曹もちょっとしたことに「何だこの野郎」と殴りつける。その中殴られても何とも感じなくなった。中隊長の講話だが、彼は中支に出征し、死線を越えて将校にまでなった人で、教養があるわけではないから、全く下らぬ話で、謹聴させられるのは辛いのだが、よく「お前等は大学を出てるかも知れんが、精神は腐っている。小学校出ただけの兵隊の方がよっぽど軍人精神が入っている」だの「お前等は命が惜しくてここに来たのだろうが、私は戦場で若い兵隊が、天皇陛下万才とにっこり笑って死んで行くのを何度も見た」といった話ばかりだ。又、教練は学校教練のおさらいみたいなもので、こんなの中学一年で習ったのに、と言いたくなる。区隊長の話は士官学校で言われたことを我々に伝えている風で、自信一杯だが、兵科将校になるには役立つかも知れぬが、我々技術士官になる者には全く用のないものだった。又、体操という実課もあった。これは白いゴワゴワした体操衣を、素肌（褌だけ）に着るので、実に寒い。一度こっそり袴下（ズボン下）をはいていた二、三の人が見つかって、褌一つの裸にされて営庭を一廻り走らされたこともあった。又、時には完全軍装で行軍することもあったが、私にとっては何ともなかった。但し学生時代に運動と縁のなかった人達には、かなりきつかった様で、足にまめが出来て、苦しんでいる人が多かった。その他でも私は寒さ以外で肉体的苦痛を感じることは殆どなかったが、精神的な束縛が一番耐え難かった。一切の口答えや不服の申し立ては許されないし、将校や下士官のその場の思い付きが絶対のルールになる世界は、たまらなかった。

第二区隊は二班に分かれていて、我々は第二班で、廊下を挟んで舎前と舎後に各十人位ずつが、中央に長いテーブルを挟んで寝台を並べていた。私は舎前の窓から二番目の寝台で、私の右が堤氏で、彼は何大学か忘れたが、私達より一期前に卒業して、幹候（通信）

を経て来た人で、暇な時はモールス信号の発信の手つきをするくせがあった。静かな人だった。左となりは篠宮氏で、この人は私より二期前に京大を卒業して入営し、幹候に行かず砲兵隊の兵士として苦労し、上等兵の軍服を着て入って来た人なので、兵隊生活の色々を話してくれた。そんな話を聞くと、つくづく自分はまだ余程幸運だったと思った。テーブルの向かいに安田氏と管本氏がいた。二人共幹候上がりで、かなりはっきりした主張を持っていて、よく弁じ立てた。殊に安田氏はよく「兵科の候補生は云々」と度々〝兵科〟が出た。私達のように学校を出てすぐに候補生になってモタモタしたのが同期面しているのが、さぞ面白くなかったろうと思うが、色々教えられた。安田氏の側に太田脩三氏がいた。彼は東大農芸化学の出身で、私と同じ三井化学に就職していたから、長年のつき合いの始めであった。彼は中々の論客で、軍隊の不合理、形式主義が我慢出来ない様であった。一度区隊長が週番士官の時、隊員を一人ずつ将校室で面接したことがあったが、太田氏は堂々と区隊長と議論して来たそうで「別に怒りもしなかったよ」と聞いて、彼の勇気に感心した。

日常は、朝、起床ラッパで起こされ、服を着、営内靴（つっかけ）をはいて集合、点呼朝礼の後、寒布摩擦というのがあって、洗面、朝食となるが、同じ営内に少年兵の四ヶ中隊が入っていて、そのせいか食事はかなりよく、大豆入りながら一日六合とかで、入隊直後は食べ切れないと思う程だったが、間もなく運動のよいせいか、それでも足りなく感ずるようになった。朝食の後に一日の課業が始まるが、一日が終わって夕食を済ますと将校はいなくなるので、就寝まで自習時間で、軍人勅諭だの何か兵科の典範だのを勉強させられるが、監視が殆どないので、あまり勉強はせず、皆国立大学出で共通の話題も多く、時に軍隊に対する批判にも及んだ。但し戦争の現況は非常に困難であるとは皆自覚していて、こんな軍隊で勝てるのかとは思っても、〝負ける〟という言葉だけはタブーだったように思う。

さて翌一月になり、私達は見習士官になったが、先任の曹長の方が上官だと言って（実はそうでない）相変わらず威張っていた。この頃学課と称して、陸軍技師の人が何やら飛行機の機体部品の話や何かしたが、少しも面白くなかった。あまり高級な話ではないらしく、誰か機械専門の人がちょっとつっこんだ質問をしたら答えられず、何かお茶を濁していたが、傍で見ていた例の少尉が講師を困らせる質問をしたと言って、その質問者を殴っていた。この少尉は前出の篠宮氏を、兵隊くずれで要領のよい狡い男と思い込んでか、目の敵にしていたが、篠宮氏が銃の部品を紛失したとか、報告が遅れたとかの過失をひどく重大にとり、倉庫の様な空室で正座して夜を明かす処罰をしたことがあった。寒い夜だったので、皆気の毒がってそっと毛布をかけてやり、酒保のキャラメルを口に入れてやったりした。

四ヶ月の間、日曜日も外出は許されず、一日舎内で雑談していたが、見習士官になってから一度全員で皇居前に行ったことがあり、その時何時間か自由時間がもらえて、ニュース映画を見て、四谷の自宅にもちょっと寄ったり出来た。

やがて二月となり、大変化が来た。三人の区隊長達が転属になったのだ。それで将校室は青木少尉一人となった。そして我々は最後の二、三週間をかなりのんびり出来、任官の前夜は仕返しを恐れてか、下士官達も姿をかくしてしまったので、中隊でただ一人の早大出の某君の音頭で流行歌を合唱したりして、軍歌以外は一切歌えなかった軍隊生活から学生に戻った気がした。

そしていよいよ三月一日、皆、航技中尉の軍服に軍刀（昭和刀で二百円した）の姿で申告をすませ、軍用トラックで一同立川駅に向かいそこで別れた。

教育隊ではもっと色々あったが、この位にして、後日談であるが、任官の時任地は前記の太田脩三氏と私の他、高工出の杉本、杉村、西原の三少尉が航本三池出張所附を命ぜられていたが、さて三池出張所がどこにあって、何をする所で、所長は誰なのか、教育隊からは何も知らされず、困って太田氏と一緒に市ヶ谷の航本の技術部の人事課に行ってそこの佐官の人に聞いたが、任務については何やらはっきりせず、ともかく熊本の佐川中佐が所長だと言われた。又我々五名は三井化学や三池合成の社員なので、次に三井化学の本社の人事部に出かけて聞いたところ、航本の三池出張所というのは聞いていないし、陸軍からの通知もないとのことで、とにかく大牟田の三井化学に集合することにした。大牟田に着いてみると、陸軍から通知があったのか航本の監督官室というのが会社の事務所の中にあり、幹候出の少尉が二人いて、その部屋に同居してくれと言う。又五人一緒の宿所も会社で用意してくれたので、早速熊本に出かけて佐川中佐に申告したが、驚いたことに「私は三池出張所長に任命されていない。福岡の本部に行きなさい」とのことで、中佐は退役から召集されたらしい温厚な人で助かったが、とんだ恥をかいた。そこで今度は福岡に出向いたが、少将を長官とする大きな役所で庶務課長の中年の大尉に事情を話したら、「何を今までうろうろしとった。三池出張所長はここの中佐だ」と言う。そこでやっと所長に申告することが出来たが、中佐も我々が何をしたらよいのか何も知らぬらしく、全く軍のいいかげんさに驚く他なかった。

三井化学の工業所には、陸軍の第二造兵局から中佐と大尉と軍属数人が来ており、その中佐は大した権力者で、工業所長も頭が上らない様子だった。私達は、元々会社にとっては新入社員なので、軍人だからといって会社に圧力をかけたり我儘を言うのは将来のこともあってまずいし、そうかと言って丸々会社の命令に従うというのも軍人の立場上、軍の方から叱られそうで、中々微妙な立場であった。二造の中佐は現役で、大牟田憲兵隊にも近いようだった。そんな状況の下で、詳しくは省略するが、我々としては戦争遂行上、技術者として出来るだけのことに勤勉に取り組み、よく働いたと思う。軍からは時々所長の中佐をはじめ佐官達が視察と称して工場に来て、会社の寮で接待してもらう。二、三度お相伴したことがあるが、佐官達も私などにえらく気を使っている風だった。一度若い参謀少佐のお伴をしたが、終戦も間際の南九州の特攻基地を視察して来たそうで、隊員が晴れやかな笑顔を残して出撃して行くとか言っていたが、驚いたことに「燃料が不足しているが、アルコールで代用すればよいから、これからは全国の造り酒屋が戦力源になるだろう」と言われて、全く失望した。実際には火薬原料の製造現場で装置部品の予備がなく、方々都合して寄せ集めて、やっと製造をしている断末魔の状態なのに、現職の参謀がこんな呑気な気休めを言っている。八月の十日頃の空襲でたった一発の爆弾が炭鉱からの石炭のコンベヤに直撃し、広大な工場は完全に生産が止まってしまった。そして晴れた西の空に原爆の雲を見た後、終戦の報を聞いた時は、無念の思いの中にも安堵感が強かった。中佐に早速会いに行ったが、「アメリカ兵が占領しに上陸して来たら、皆殺しに出来ないか」なんて言っているのを聞いて、何と阿呆なと思った。この人は材木屋の出の由で、暫く後に太田脩三君が会った時は、材木屋の主人に戻っていて、丁寧だったという。

私の短現経験はかくして終わったが、教育隊入隊の前には教育隊で将来技術士官として如何にあるべきかとか、如何なる任務が待っているか等の教育を受けるものと期待していたが、前述の如く期待は全く外れたし、今思って何と陸軍は駄目な存在だったのかと思う。陸軍は海軍の真似をして、技術科学教育を受けた我々を募集しただけで、どう使うかも判らず、技術のことなぞ全く無知な召集の老佐官を上官にしたのでは、何とも仕様がない。又若い参謀まで特攻攻撃しか策がなくて、勝つ見込みの全くない戦争をだらだら続けるつもりだったらしい。この戦争は統帥権を盾にした陸軍参謀本部がヒットラーやスターリンばりの独裁権を確立し、「日露戦争に勝った神国日本は不敗」という愚かな精神論で近代戦の現実を無視して始め、遂に自滅したとしか言いようがない。

さて前述の様に太田脩三氏とは、私が米国に移住した後も交際がつづいたが、一九九四年に亡くなった。翌年帰国の際にお宅を弔問したが、その際奥さんから、倉田清量さんが同班だった人達の消息を調査しておられることを聞き、帰宅後倉田氏と連絡がつき、倉田氏のお骨折りで、一九九七年四月に神田の学士会館で倉田、島中、工藤、松田諸氏と私とで、実に五十二年振りの再会の機会を持つことが出来た。長い年月の末だし僅か四ヶ月の経験だったので、かなり記憶も薄れていて、話の合わぬこともあったが、皆さんあの時期のことをかなり懐しがっておられるようで意外に思ったし、私が「あの頃は考える自由も束縛された、一生で一番の暗黒の時代だった」などと言って悪かったかと思う。あの会合で色々思い出したが、その一つに島中氏が「教育隊には二ヶ月いただけでレーダー要員として転属になったが、弱電は専門でなかったからあまり役に立たなかった」と言われたが、そういえばあの頃誰かが「彼はダイナモとか強電が専門なのに、電探要員だなんて、軍は何も知らない」と嘲笑していたのを思い出した。

　色々話は出たが、戦争中私達は短現に行ったおかげで、一般の兵役で戦地に出征して苦しんだり、戦死したりすることもなく、僅か四ヶ月の兵営生活で将校となり、技術関係の仕事を主にして終戦まで過ごすことが出来たことは、まことに幸運であったと思う点では、皆さん同意見だった。

　思えば戦後も遠くなり、最近の若い人にとって、あの戦争は我々が日清戦争の話を聞く様なもので、あまり関心のない話かも知れぬが、戦中に学校を出た青年がどんな経験をしたかを書き止めた次第である。

［付録㈣］ 私の病気とその治療

１９９０年にシニアセンターで前立腺ガンの健康診断があり、参加したらＰＳＡが４以上で、精密検査の必要ありと言われ、大学病院で生検を受けたが癌でないことが分かり、又１９９２年にもＰＳＡが10以上で今度はNorth West HospitalのDr Ragdyに看てもらい、やはり癌でなかった。

２００２年から２００３年頃尿の出が悪くなり、うっかり熟睡すると少量ながら〝尿漏れ〟がしばしばで、これでは長い旅行など出来ないと思っていたが、医者が看てすぐ泌尿器科に行けと言い、カテトールをつけたら尿が１ℓも出、少し遠いがよい専門医を紹介してくれた。検査の結果、手術するかずっとカテトールをつけるかと言うので、勿論手術と、数日後にＴＵＲＰ（trans urethra reformation of prostate）の手術を受け、一夜入院（物心ついて初めて！）して帰宅出来た。（２００３年2月12日）

ＴＵＲＰをしてからは間もなくよくなり、１月後にはテニス、次の週にはピンポン、１月足らずでゴルフにも行った。

ところが本当の病魔は間もなくやって来た。夏あたりから、ゴルフや散歩、他のスポーツでもひどく息切れがし、血色も悪くなった。又時々貧血してバスルームに数分横になることもあった。同じ町医者は先ず肺を疑った（ラッセルを聞いたと言う）。早速CTを撮ったが平常。今度は心臓を疑い、トレッドミルでしらべたがこれも平常。その時美和子が血液検査をしてないがと言ったので早速したところ、その夕方医者から「今すぐ輸血のため病院に行け。赤血球が平常の半分もない」とのこと。その翌日（２００４年2月5日）に一日がかりで2unitsの血を輸血してもらった。

そのすぐ後はとても調子よかったが、医者の処法の鉄剤が多過ぎたのか、便秘がひどくなり、ガス痛がひどく、3月4日、美和子が見かね、夕方病院のER（エマージェンシー・ルーム）に連れていってくれた。検査の後入院となり、コロノスコピーの必要ありとして腸を掃除することになり、3月7日夕方、コロノスコピーをして大腸の左中位にゴルフボール大の癌が見つかった。

そして3月8日に開腹手術となった。これは成功し、大腸を30㎝位とり再結合したとのことだった。そして3月13日夕方退院となった。

3月17日には美和子同伴で散歩にも出、3月21日からは一人で出られる様になった。

3月30日にDr. Islerに会った時、癌と共にリンパ球を12ケとったが、中の一つだけに癌細胞が見つかった。メディカルオンコロジスト（腫瘍内科医）に会う様にとのことだった。

4月6日、Dr. Lee（メディカルオンコロジスト）に会ったところ、やはりリンパ球の一つに癌があったことを気にしていて、4月8日全身の骨のスキャンと肝臓の超音波スキャンをする。又翌日は全身のCTもとった。何れも正常で他に転位は見られなかった。

又4月12日にはPETスキャン（血管内にラジオアクティヴF（弗表）をサッカローズの中に化合させたものを注入し、暫くして、サッカローズ【放射能】を取込んだ癌細胞を見つけ出す方法）もしたが、これも異状なかった。

4月14日、Dr. Leeに会う。Dr. Leeはこのままだと40％再発の可能性があるが、化学療法を6ヶ月すれば30％にまでに減らすことが出来るという。その際化学療法の副作用のリストをもらったが、副作用が多く、美和子はおびえてしまった。そこでLeeさんの許しでテニス仲間のMortonのすすめるDr. Kaplanにセカンドオピニオンをもらうことにした。

4月29日、ダウンタウンのSwedish HospitalにDr. Kaplanに会いに行った。全く同意見だが、私の年を考え、化学療法はあまりすすめなかった。この時、6ヶ月したらCTスキャンをしなさいと言ったが、別に予約をとってくれることがなかった。

手術の回復はよく、5月2日ピンポン、5月13日にテニスを再開した。6月8日にはゴルフを始めるまでになった。

この様にして年も明け何の兆候もないので40％再発の中から逃れて60％の方に入ったものとばかり思っていた。

２００５年４月14日、Dr. Newtonに会った所、もう一年もＣＴをとっていない様だから是非とる様にすすめられた。４月18日にＣＴをとった。その日の夕方Dr. Newtonから電話があり、肝臓に癌が２ケ見つかったという。それは大変なショックだった。Dr. Kaplanに「癌が肝臓に転位したらもう治療の方法はない、致命的である」と言われていたからだ。その夜は遂に眠れぬ夜を迎え、翌日のゴルフは何食わぬ顔してやったが上の空だった。

４月20日、Dr. Leeに会い、ＣＴスキャンの画像を見せてもらったが、疑いもなく４㎝強と４㎝弱の癌が２つある。Dr. Leeは治療法として（1）化学療法（2）ラジオ波による焼灼療法（ＲＦＡ）（３）何もしない、の３つの選択があり、来年になったらcyberknife（定位放射線治療）の方法もシアトルに来るがとのこと。私は第二のＲＦＡを選ぶことにした。

５月４日、ＲＦＡをするDr. Jensenに会いＲＦＡの説明を受けた。何もしなかったら６ヶ月の生命と脅かされた。

５月13日、超音波スキャンを受ける。ＲＦＡの準備だとして。

5月26日、入院。今日はケモエンボリゼーションのみやるという。これは肝動脈を通して患部に抗癌剤を注入した後、動脈を閉鎖する方法だという。その日美和子は一日付き添って居た。夕方Dr. J.が来て、大きい方はよく出来たが、小さい方はよく出来なかったという。その夜はよくねむれず悪い夢ばかり見る。

5月27日（金）、麻酔のせいか妙なことばかりしている。CTスキャンの後いよいよラジオフリケエシーアブレーションが行われた。これは、プローブの内部先の方にごく細いワイヤーが入っており、これを患部に挿入し、ワイヤーを出して展開する。そうして、ワイヤーにラジオ波の周波線を送り患部をゆっくり加熱する。癌は70℃以上の温度に耐えないで死滅するというのである。夜また悪夢を見た。

5月28日（土）、帰宅出来た。ちょっと畑でアスパラガスの収穫をしようとして疲れて止す。

5月30日（月）、夜中に次第に具合悪くなり、未明になって救急車を呼んでもらう。入院となり寝心地の良いベッドに寝れた。

5月31日、朝休暇中だったDr. Leeが現れた。化学療法のせいで血中の血小板が少なくなっている、又肺に血栓がある恐れがあるとてCTをとり、これは大丈夫だった。便秘秘気（26日以来）だったので、浣腸をしたが、大失態を起こしてしまった。

6月1日（水）、美和子、7時半頃来て、8時頃Dr. Lee来る。Dr. Leeに言わせると血小板が2万台に降ると危険（出血）だから気をつけなくてはならぬと言う（今4万）。美和子がすっかりおびえる。

6月2日（木）、朝早く血液をとりに来、Dr. Leeが8時前に来て、血小板が8万に上昇したからもう退院してよろしいという。早速美和子に電話。

7月8日（金）、Dr. Leeに会う。何も進歩なし。

8月1日（月）、Dr. Leeと会う。CTの画像はRFAとの前後で殆ど変わらず、大失望！

10月25日（火）、CTスキャン

10月27日（木）、Dr. Leeに会う。大が少し小さく、小の方が少し大きくなったという。
12月28日（水）、ＣＴスキャン
２００６年2月29日（木）、Dr. Leeに会う。ガンは大きくなっているという。失望！

家系図（敬称略）

太田家

太田静男（一八八三年生）　池田喜久野と結婚

　長女　愛子（一九一二年生）　吉田駒三と結婚

　　長女　伸、長男　仁吉

　長男　良一（一九一四年生）　杉浦愛と結婚

　　長男　峯男、長女　桃子

　次女　博子（一九一七年生）　藤原隆一と結婚

　　長男　茂、次男　和男、長女　純子

　次男　正夫（一九一九年生）　辻美和子と結婚

　三女　敏子（一九二一年生）

　四女　米子（一九二二年生）　村地多聞と結婚

　　長男　徹、長女　恵美

　五女　富士子（一九二四年生）　吉井弘志と結婚

　　長女　和美

池田家

長男　栄太郎　一生、尾道市に住む。
次男　名不明　長女よし子を残し、若く亡くなる。
長女　名不明　広島市の米沢医師夫人、一男あり。原爆に遭い夫婦共死亡。
次女　きよ　黒田氏に嫁ぎ、操、節二を生むが、黒田氏は若く亡くなり、徳三氏に身をよせる。
三男　徳三　後に鈴木姓、名古屋に終生住む。名古屋商業卒。
四男　直一　尾道商業卒後、渡米。ヴァンクーバー、ニューヨークを経て加州に住む。
五男［良太郎（リヨ）、ジョージ、嘉直（タダ）、アキラ、トール］
三女　喜久野

あとがき

雨　　八木重吉　　一九二五年
雨のおとがきこえる
雨がふっていたのだ
あのおとのようにそっと世のためにはたらいていよう
雨があがるようにしずかに死んでゆこう

その生涯は、この詩のようだったという。

二〇〇三年に大腸癌が見つかり、それ以来、病と闘っていた。
第一章の冒頭で「この手記は二〇〇七年三月中旬頃から書き出した。行けるところまで行くつもりで」といい、五四頁に、「(三月二十七日)これから先どれ程書けるか判らぬが、時と競争してみる」といい、第二章の最後に、「(四月二十日)もう時間もないのでこの辺で中断して」というのは、そのためである。

二〇〇七年五月一日に最愛の妻と心優しい甥に看取られて他界した。享年八十七であった。

この自伝は、ひと月ほどの間に書かれた。死の直前に生涯を書き切った気力と、その確かな記憶とに敬意を表したいと思う。

青春時代を日本の軍隊で過ごし、戦後は軽やかにアメリカに留学し、白人社会の中で、思い通りの暮らしを得た。はた目には数奇な人生と見えるが、また、ごく自然な人生の歩みであったようにも思われる。手記の中に、つぎのように記されている。

「よき生を受け、戦前のよき日本に住み、よき教育を受け、戦後はよき妻に恵まれ、共に米国に留学し、就職永住もかない、引退後も豊かに余生が送れて、思い残すことのない人生を持ち得ました。」

戦前から戦後への動乱の時代を、日本とアメリカとで過ごし、このように振り返る人生を送ることのできた人物、その自伝を本にすることができて嬉しく思う。

（姪　市川桃子）

著者プロフィール

太田 正夫（おおた まさお）

1919年生まれ。

兵庫県出身。

（学歴と経歴）京都大学、カリフォルニア大学大学院、アクロン大学大学院、モンサント社、アメリカン・ケミカル・リサーチ社。

博士（化学）

ドクター太田の一生
戦前の日本、戦後のアメリカ

2024年7月15日　初版第1刷発行

著　者　太田 正夫
発行者　瓜谷 綱延
発行所　株式会社文芸社
〒160-0022　東京都新宿区新宿1－10－1
電話 03-5369-3060（代表）
03-5369-2299（販売）

印刷所　株式会社フクイン

ISBN978-4-286-25380-0　JASRAC 出2402993－401